김쌤이 알려주는 세상에서 제일 쉬운

EASY 통기타에 미치다

김기덕 편저

일신서적출판사

CONTENTS

 # 기초는 간단하게!

1 각 부분별 명칭

기타는 크게 헤드(Head), 넥(Neck), 바디(Body)로 나뉘며, 자세한 부분별 명칭을 알아보겠습니다.

각 부분별 역할

- 줄감개 : 줄감개를 돌려 줄을 감거나 풀어서 각 줄의 음정을 조절한다.
- 너트 : 현장을 결정하는 중요한 요소이며, 줄이 지판으로부터 적절한 높이로 떠있게 해주는 역할을 한다.
- 프렛 : 기타에서 음정을 결정하는 역할을 하고 있으며, 표면의 모양 및 재질에 따라 음색의 차이가 발생한다.
- 브릿지 : 줄의 진동을 바디로 전달하는 역할을 하며, 줄을 고정하는 역할도 한다.
- 새들 : 브릿지 위에서 너트와 같은 역할을 하는 장치이며, 기타에 고정되어 있지 않아서 줄 교체시 분실의 우려가 있다.

여러 가지 바디 형태의 종류가 있지만, 가장 많이 사용하는 D바디, OM바디 그리고 컷 어웨이 기타에 대해 알아보겠습니다.

드레드 넛(D바디)

● D바디 기타

'드레드 넛 바디'이며, '통기타'라고 하면 가장 먼저 떠오르는 형태의 기타로 울림이 좋고, 낮은 음역대와 높은 음역대의 밸런스가 이상적인 기타입니다.

D바디 기타는 바디의 크기가 큰 편이라 초등학생이나 체구가 작은 여성분들이 연주하기에는 불편함이 있을 수 있습니다.

오케스트라 모델(OM바디)

● OM바디 기타

'오케스트라 모델'이며, D바디에 비해 전체적으로 작은 크기이지만, 풍부하고 균형 잡힌 사운드를 내줍니다.

초등학생부터 성인까지 많은 연령층이 찾는 바디 형태입니다.

컷 어웨이

● 컷 어웨이 기타

컷 어웨이 기타는 일반적인 기타와 다르게 바디의 한쪽이 잘려나간 것처럼 되어 있습니다. 컷 어웨이는 D바디 또는 OM바디처럼 바디의 형태가 아닌 옵션이라고 보면 됩니다. D바디(컷 어웨이), OM바디(컷 어웨이)와 같은 형태로 만들어집니다.

컷 어웨이 기타는 높은 프렛의 연주를 위해 만들어졌지만, 시각적인 부분에서도 많은 선택을 받고 있습니다.

TIP

통기타에서 바디는 울림통 역할을 하기 때문에 바디가 작아지면 울림이 작아져 소리의 풍성함이 줄어들게 됩니다.

3 줄 감는 법(줄 교체하기)

줄감개에 줄이 잘 감겨 있지 않으면 줄을 교체할 때 튜닝(조율)이 흐트러지거나 줄이 끊어질 수 있습니다. 줄 감는 법을 잘 익혀 두었다가 줄을 교체할 때 빠르고 깔끔하게 교체해 보세요.

줄을 교체할 때는 기존의 줄을 한 줄씩 교체하는 것이 기타의 컨디션 유지에 좋지만 한 번 교체하면 보통 2개월 이상 사용하기 때문에 줄을 모두 제거하고 지판에 묻어 있는 때를 제거해 주는 것도 좋습니다.

● 기존 줄 제거하기

줄이 느슨해질 정도로 풀어준 후 공구를 사용해 줄의 가운데 부분을 자르고 줄감개 부분의 줄을 제거합니다.

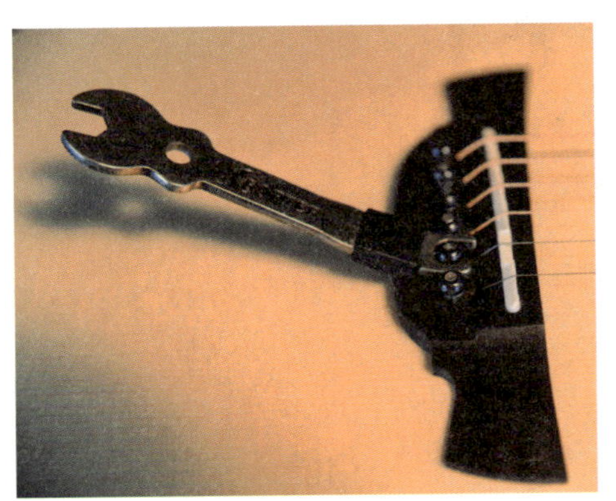

핀 리무버 또는 공구를 사용해 브릿지 핀을 제거한 다음 남은 줄을 모두 제거합니다.

TIP 브릿지 핀(엔드핀)은 보통 플라스틱 재질이기 때문에 오래된 악기일 경우 브릿지 핀을 제거하는 과정에서 파손될 수 있으므로 주의하세요(이것은 가까운 악기점에서 쉽게 구매할 수 있습니다).

● 지판 관리

기타를 연주하고 나면 손의 땀과 기름이 줄 & 지판에 묻게 되고, 이것이 누적되면 프렛이 녹슬거나 지판에 찌든 때처럼 검게 쌓이게 됩니다. 지판 관리제는 오염물 제거와 지판 습도 유지를 도와줍니다.

먼저 마른 천으로 지판 위의 먼지와 가벼운 오염물을 제거합니다.

칫솔이나 부드러운 천에 지판 관리제를 묻혀 지판을 닦아줍니다.

● 새 줄 끼우기

기타 줄은 제조사, 두께, 재질 등에 따라 많은 종류가 있는데 처음 배울 때는 얇은 두께의 줄을 사용하면 줄을 누르는 손가락이 덜 아플 수 있습니다.

줄의 한쪽 끝에 추 같은 것이 달려있습니다. 그 부분을 브릿지 부분 홀에 넣고 핀을 끼운 후 줄을 당겨주어 잘 고정될 수 있도록 합니다.

줄을 끼울 헤드머신(페그)로부터 3Cm 정도 여분을 주고, 안쪽에서 바깥으로, 처음 끼워진 줄의 아래쪽으로 감아줍니다.

잘 감긴 예

잘못 감긴 예

줄이 깔끔하게 감기지 못하고 엉키게 되면 음을 튜닝(조율)하는 과정에서 줄이 풀렸다 감겼다가, 자유롭게 움직이지 못해 튜닝이 잘 안될 수 있습니다.

● 줄 교체에 사용되는 공구

브릿지 핀 리무버

브릿지 핀을 제거할 때 사용합니다.

스트링 커터(니퍼)

기존 줄 제거 및 줄을 감고 난 후 남은 줄을 자를 때 사용합니다.

스트링 와인더

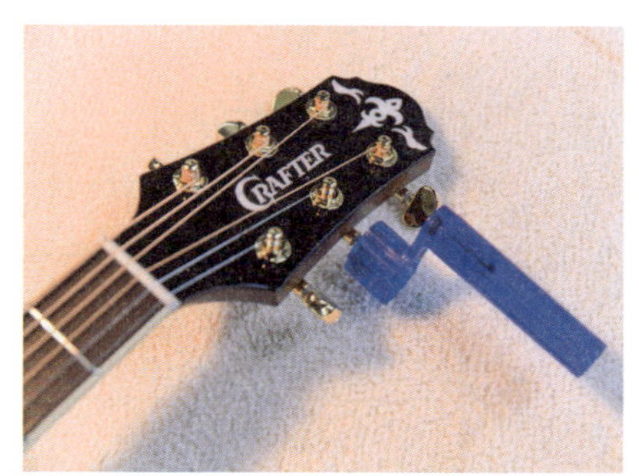

헤드머신(페그)에 줄을 감을 때 사용합니다.

TIP 위 공구들은 편의를 위한 것으로 스트링 커터(니퍼)만 있어도 줄 교체가 가능합니다.

지판에서 한 칸은 1프렛이라고 말하며, 피아노 건반과 동일하게 기타에서의 온음은 2프렛 간격, 반음은 1프렛 간격입니다.

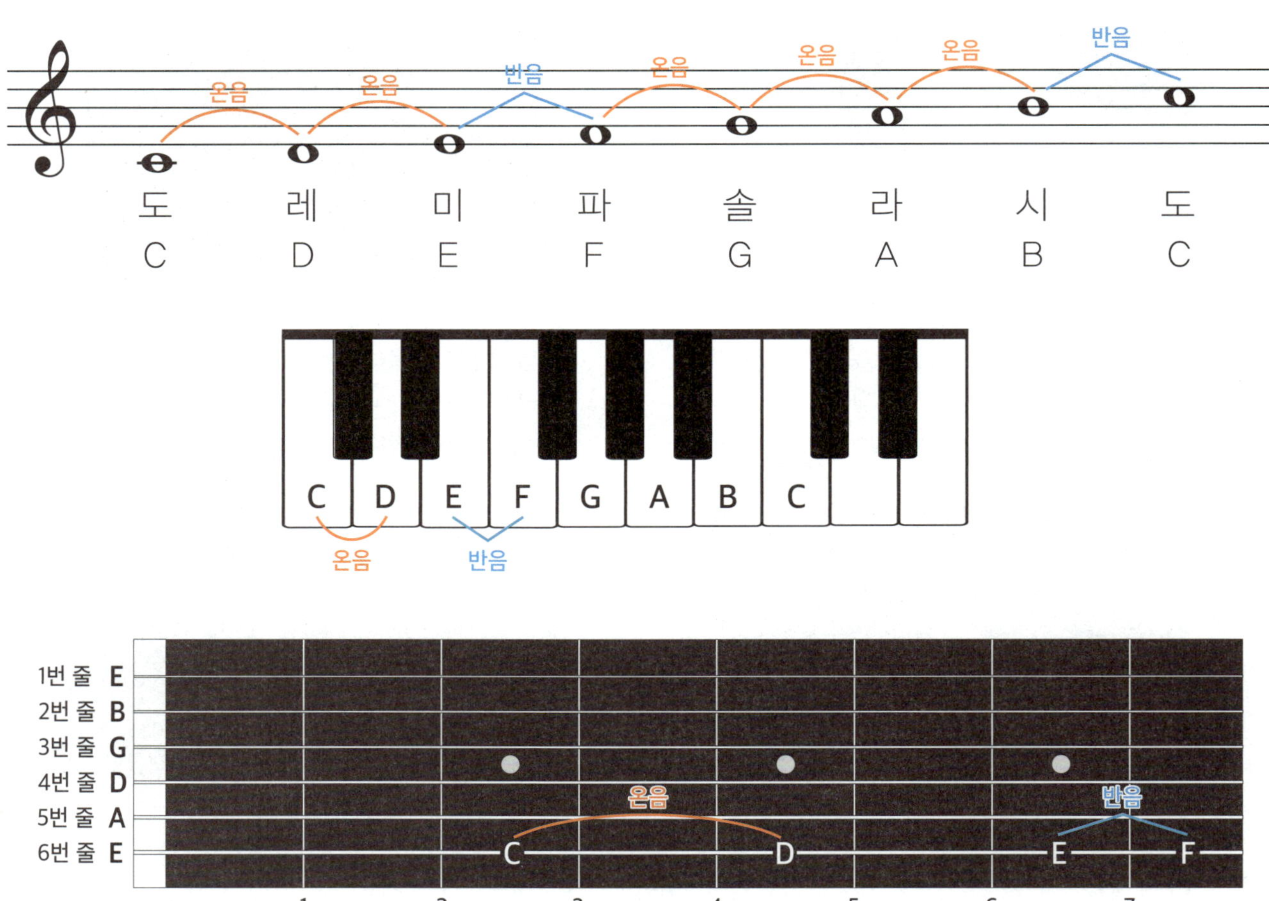

● 지판 위의 음정

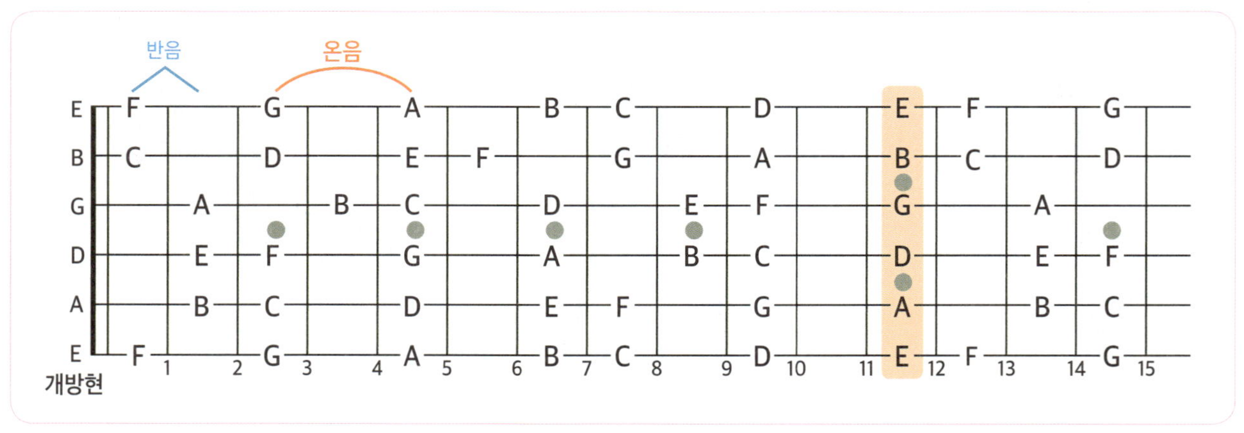

TIP
기타의 프렛간 간격은 반음 간격으로 되어 있으며, 개방현부터 12프렛까지의 간격이 한 옥타브입니다.

기타에서 '튜닝'은 줄의 음정을 바르게 맞추는 것을 말하며 우리말로는 '조율'이라고 합니다. 기타를 연주하기 전에는 항상 튜닝이 제대로 되어 있는지 확인해야 합니다. 만약 튜닝을 하지 않고 연습을 하면 틀린 음정의 소리가 귀에 익숙해질 수 있으니 조심하세요. 미세하게 틀어진 튜닝은 많이 티가 나지 않으므로 꼭 튜너(Tuner)를 사용해 조율하는 것을 권장합니다.

TIP

튜너마다 차이는 있지만 일반적으로 사용하는 클립형 튜너는 액정에 표시되는 바늘이 가운데로 맞춰지면, 화면이 녹색으로 바뀝니다.

클립형 튜너는 기타의 헤드 부분을 클립으로 집어서 사용합니다. 기타는 가장 두꺼운 줄인 6번 줄부터 E-A-D-G-B-E 순으로 조율합니다.

튜닝할 때는 가장 먼저 두 가지만 기억하시면 됩니다.
예를 들어 6번 줄을 튜닝한다고 했을 때,

첫째, 음정을 올릴 때는 오른손으로 6번 줄을 일정한 세기로 계속 퉁겨주면서 왼손은 줄감개를 잡고 튜너의 액정을 보며 줄감개를 조금씩 돌리며 튜닝합니다.

둘째, 음정을 낮출 때는 줄을 많이 풀어준 후, 오른손으로 줄을 당겨 줄감개에 감긴 줄이 자리를 잡을 수 있게 해주면서 왼손으로 줄감개를 조금씩 감으며 튜닝합니다.

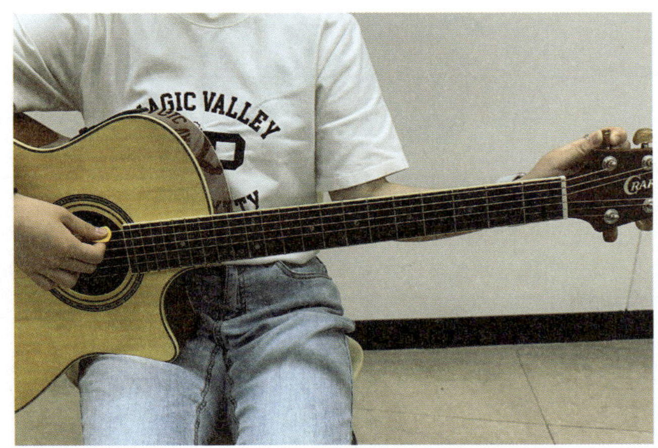

오른손은 조율할 줄을 일정한 세기로 계속 퉁겨주고, 왼손은 줄감개를 아주 조금씩 돌려주며 튜닝합니다.

튜닝이 완료된 후 줄감개 손잡이 부분의 나사를 조여주면 튜닝이 흐트러지지 않습니다.

음표	이름	박	길이	쉼표	이름
𝅝	온음표	4박		𝄻	온쉼표
𝅗𝅥.	점2분음표	3박		𝄼·	점2분쉼표
𝅗𝅥	2분음표	2박		𝄼	2분쉼표
𝅘𝅥.	점4분음표	1박 반		𝄽·	점4분쉼표
𝅘𝅥	4분음표	1박		𝄽	4분쉼표
𝅘𝅥𝅮.	점8분음표	반박 반		𝄾·	점8분쉼표
𝅘𝅥𝅮	8분음표	반박		𝄾	8분쉼표
𝅘𝅥𝅯	16분음표	반의 반박		𝄿	16분쉼표

기타 피크는 크게 3종류로 나뉘며, 다양한 컬러와 두께의 피크들이 있습니다.

트라이앵글 피크

스탠다드 피크

핑거 피크(손가락에 끼워서 사용)

- 트라이앵글 피크 - 3면을 모두 사용할 수 있으며, 통기타를 연주할 때 많이 사용합니다.
- 스탠다드 피크 - '물방울형 피크'라고도 하며, 주로 일렉기타 연주에 사용합니다.
- 핑거 피크 - 아르페지오를 연주하거나 클래식 기타를 연주할 때 사용합니다.

● 피크 잡는 법

피크를 잡을 때는 오른손 엄지와 집게손가락의 손톱 부분이 서로 마주 보게 잡아야 합니다. 처음에는 오른손으로 피크를 잡는 것이 익숙하도록 만드는 것이 중요하며 손에 잡는 것이 익숙해지면 피크를 잡은 손끝에만 피크를 놓치지 않을 정도로 약간의 힘을 주어 연주합니다.

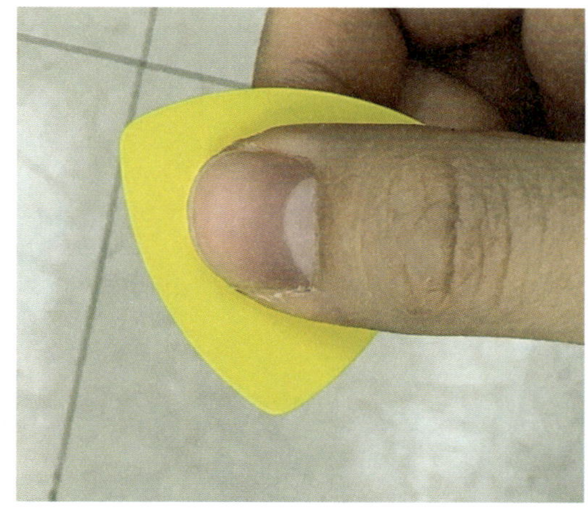

올바르게 잡은 모습

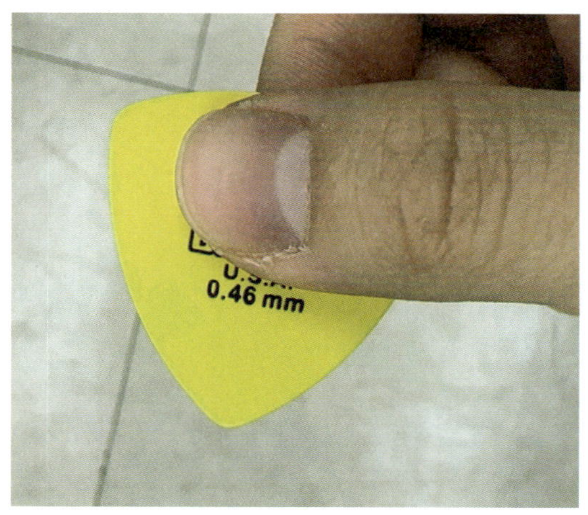

잘못 잡은 모습

TIP 여러 가지 피크를 사용해 보고 본인 손에 적합한 피크를 선택하는 것이 중요합니다.

코드표와 리듬을 볼 줄 안다면 음을 몰라도 코드 연주를 쉽게 할 수 있습니다.

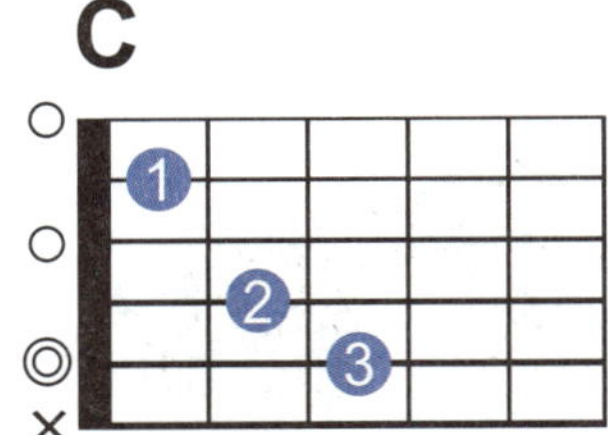

코드표는 기타의 지판을 표처럼 만들고, 그 위에 코드별로 손가락이 눌러야 하는 위치를 표기해 놓은 것입니다. 손가락 번호에 맞춰 코드를 잡아보세요.

C코드

D코드

● 리듬 악보 보는 법

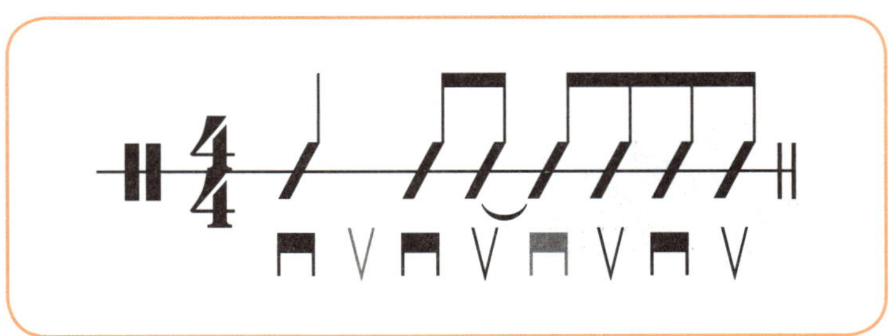

리듬 악보는 한 마디 단위로 표기하며, 리듬이 두 마디 패턴으로 진행되는 경우 두 마디로 표기하기도 합니다.

리듬 악보를 보면 음표 아래에 ⊓, ∨기호가 있습니다. ⊓표시는 오른손으로 줄을 아래쪽을 향해 내려치라는 표시이고, ∨표시는 오른손으로 줄을 위쪽을 향해 올려치라는 표시입니다.

TIP '리듬을 탄다' 생각하며 일정한 속도로 오른손을 계속 움직이며 연습해야 일정한 박자로도 곡을 연주할 수 있습니다.

● 올바른 자세

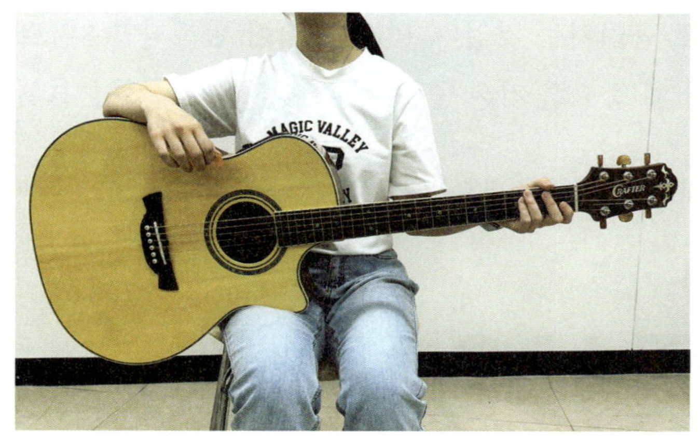

① 기타를 오른쪽 다리, 허벅지 위에 올려 놓는다.

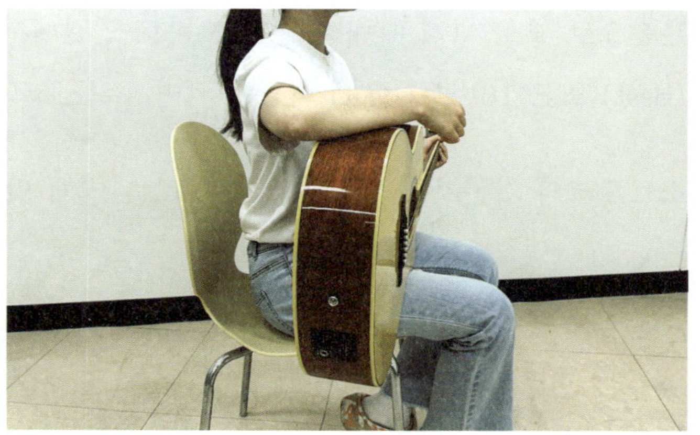

② 허리를 펴고, 정면을 바라본다.

③ 악기는 내 몸이 향하는 방향을 기준으로, 오른쪽 대각선 방향을 보게 잡는다.

● 잘못된 자세

기타의 넥을 잡은 왼손을 몸쪽으로 당겨 놓으면, 왼팔의 팔꿈치와 손목이 심하게 꺾이면서 코드를 잡게 되기 때문에 손가락의 자유로운 움직임이 둔해지게 됩니다.

스트로크로 연주할 때는 다운 스트로크와 업 스트로크, 두 가지만 기억하면 됩니다. 스트로크 연습은 오른손으로 줄을 아래로 내려친 다음 바로 연결해서 위로 올려치는 것입니다. 이 동작이 반복되면 8비트(Beat) 또는 16비트(Beat) 리듬이 되며, 스트로크를 할 때 중요한 것은 줄을 치는 오른손의 자세입니다.

스트로크의 기본자세에 대해 알아보고, 나에게 맞는 자세를 찾아보세요!

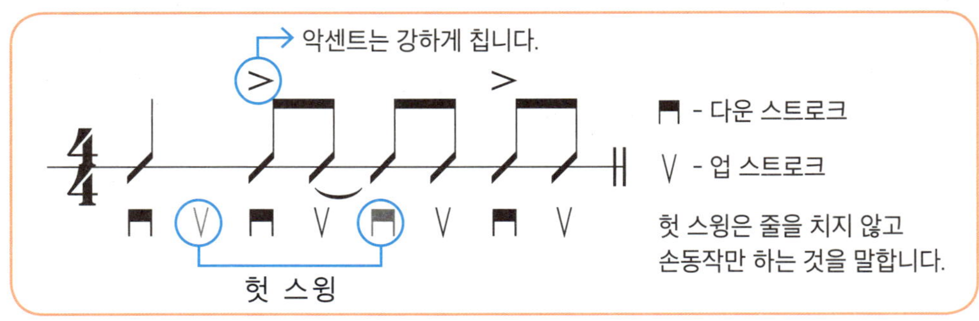

1. 오른손이 다운(⊓)과 업(V)을 반복하며 일정한 속도로 계속 움직입니다.

2. 다운(⊓)과 업(V) 기호를 보고 줄을 치는 부분에서는 줄을 치고, 쉬는 부분에서는 헛 스윙으로 계속 움직이며 박자를 맞춥니다.

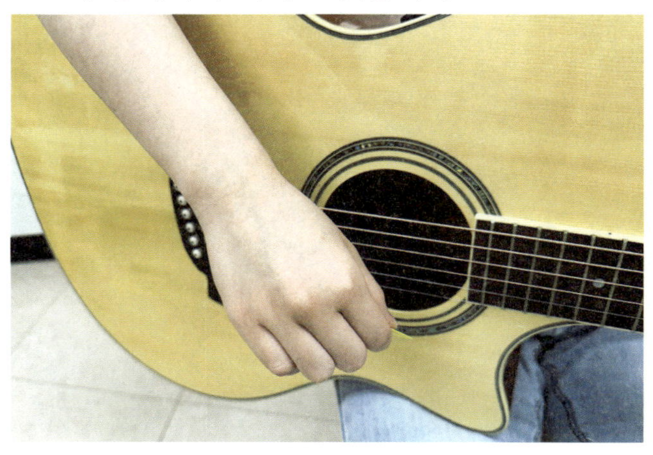

3. 스트로크 동작을 100이라고 할 때 팔꿈치를 30정도, 손목을 70정도 움직여 스트로크를 진행하게 됩니다. 이때, 손목 스냅을 이용한다면 더욱 다이나믹한 연주를 할 수 있습니다.

자주 쓰이는 코드와 카포

● 메이저

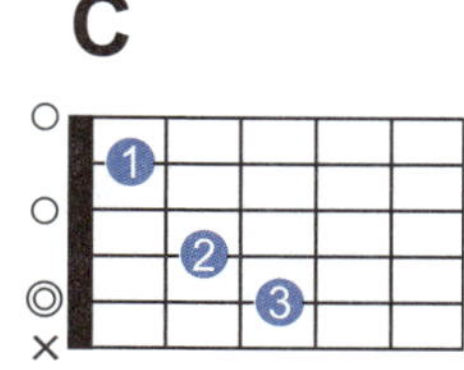
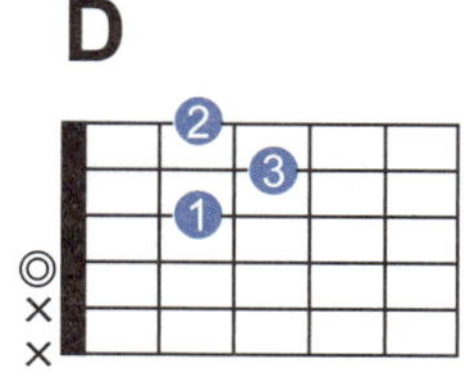
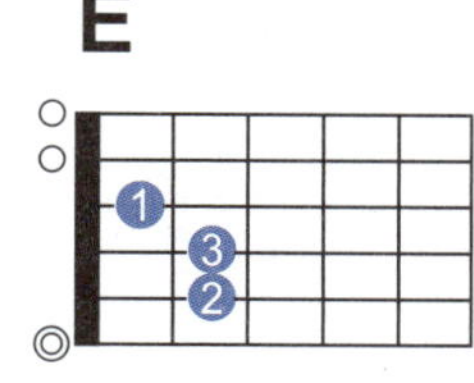
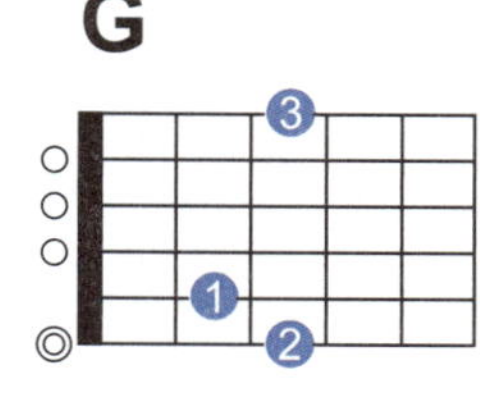
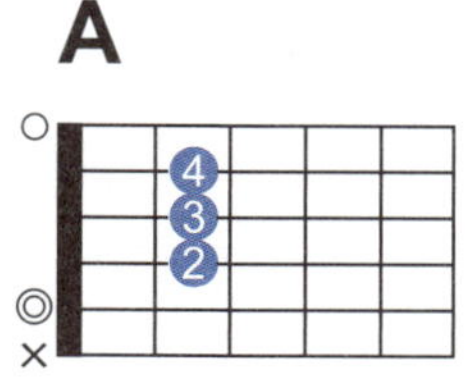

● 마이너

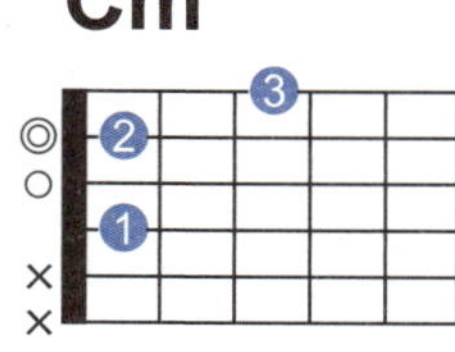
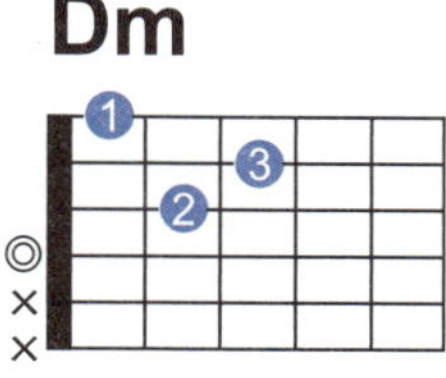
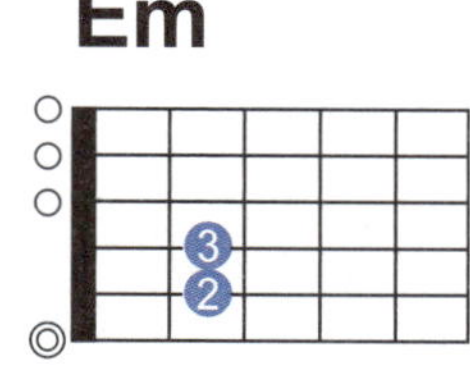

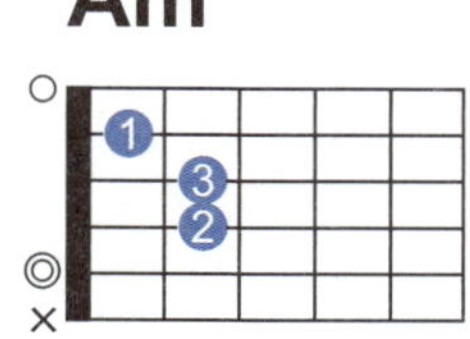

● 세븐

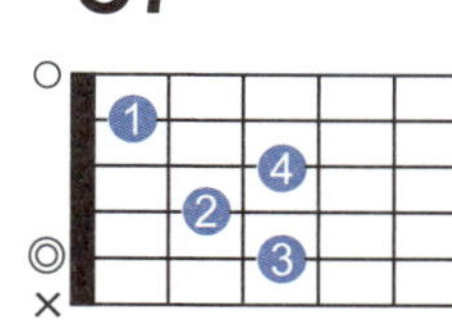
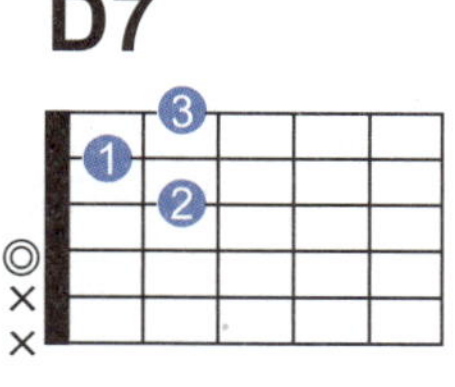
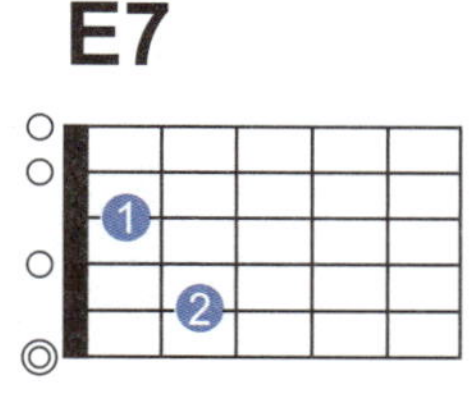
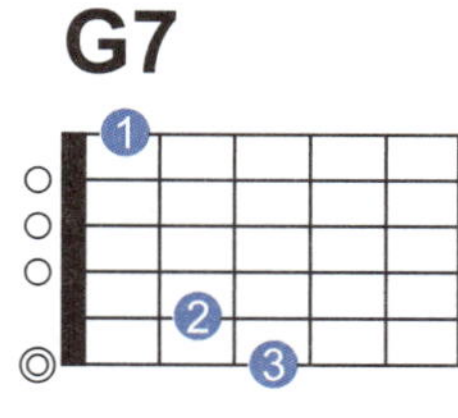
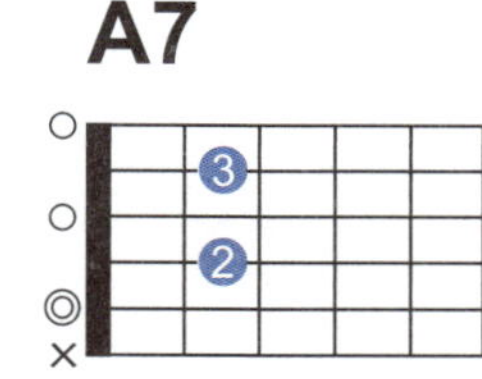

● 메이저 세븐

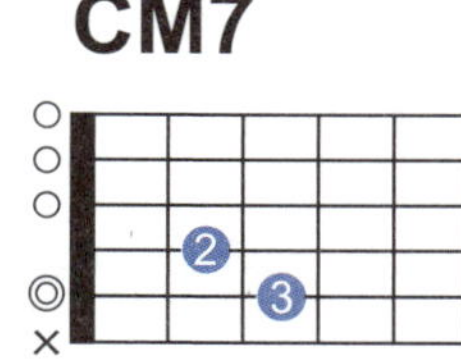
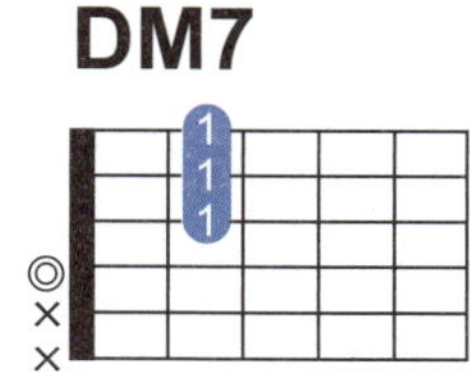
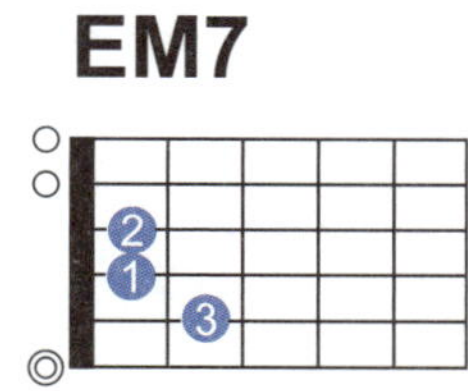
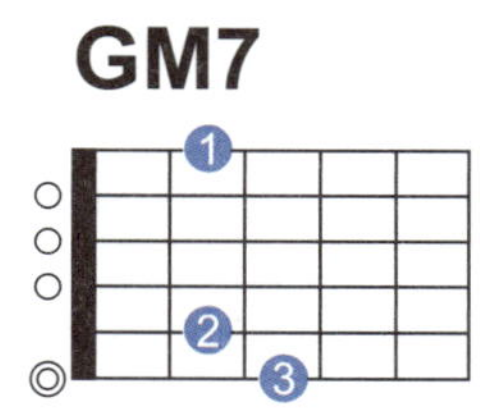
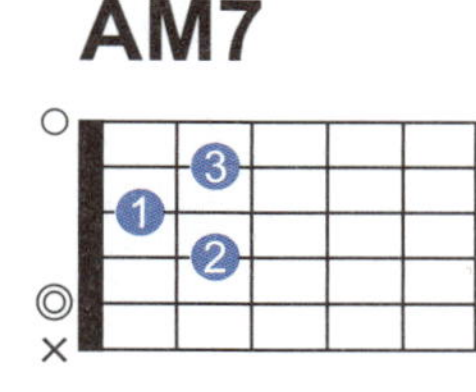

● 카포

- 카포는 기타의 전체 음정을 올릴 때 사용하며, 잡기 어려운 코드들을 쉽게 바꾸어 연주할 때 사용하기도 합니다.
- 카포는 통기타, 클래식 기타, 일렉기타 등 기타의 종류에 따라 맞는 카포를 선택하여 사용합니다.
- 악보의 상단에 'Capo : 3fr'이라고 표기되어 있으면 기타의 3프렛에 카포를 장착하고 연주합니다.

쉬운 코드부터 시작해 보자

Chapter 2

쉬운 코드부터 시작해 보자

1 A코드와 E코드

● A코드의 운지

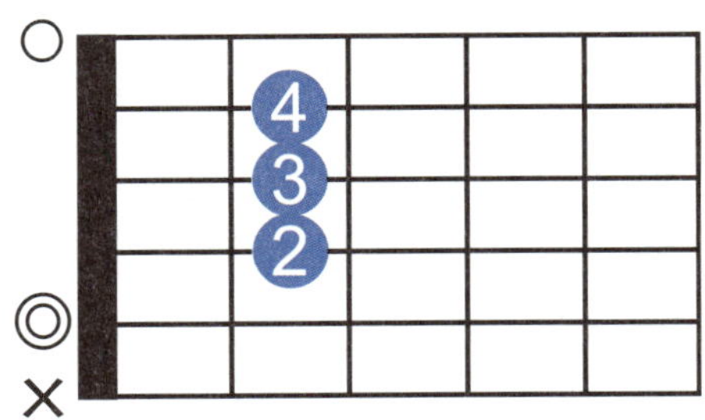

A코드는 2프렛에 3개의 손가락이 들어가므로 최대한 손가락을 붙여서 잡는 것이 좋습니다.

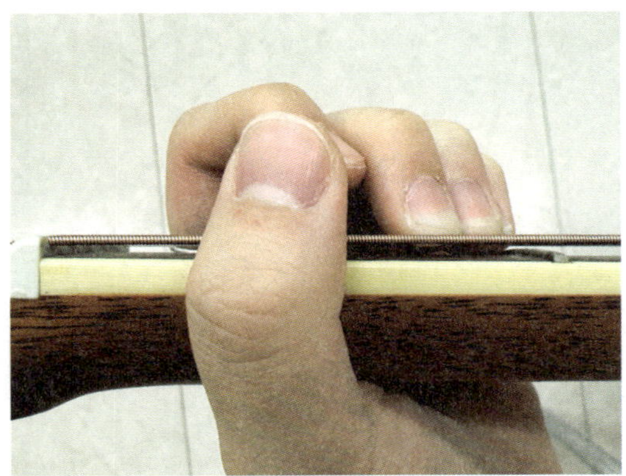

위에서 본 손 모양

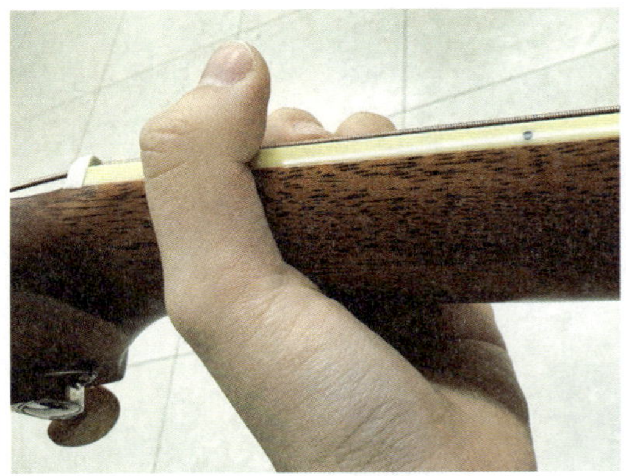

넥 뒤쪽의 손 모양

4번 손가락 쪽 손바닥은 넥에 닿지 않게 잡습니다.

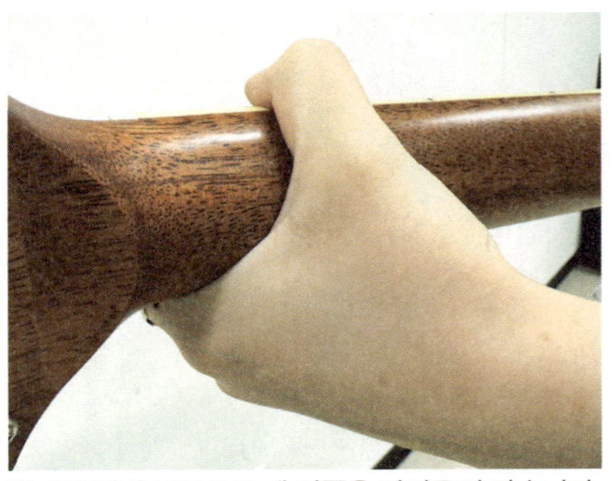

엄지와 검지 부분으로 넥 뒤쪽을 감싸듯이 잡습니다.

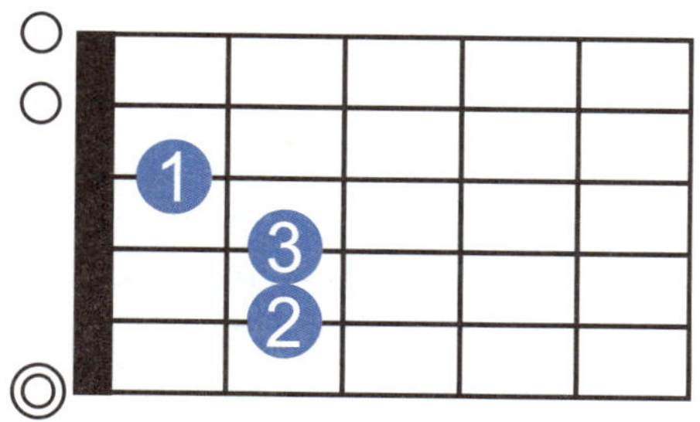

E코드는 가볍게 넥을 감싸 쥐듯이 잡습니다.

위에서 본 손 모양

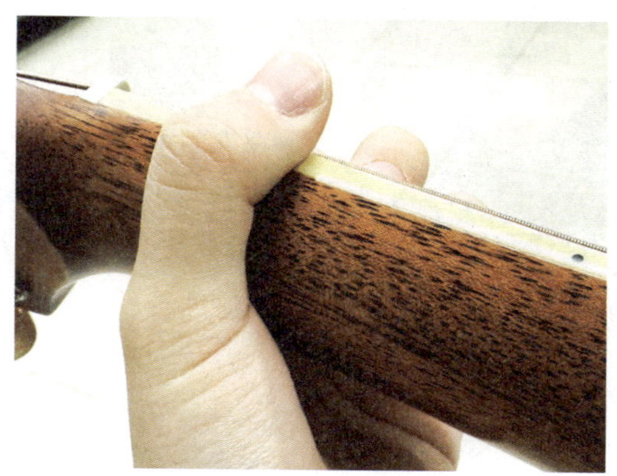

넥 뒤쪽의 손 모양

4번 손가락 쪽 손바닥은 넥에 닿지 않게 잡습니다.

엄지와 검지 부분으로 넥 뒤쪽을 감싸듯이 잡습니다.

TIP

엄지의 위치와 넥 뒤쪽의 손 모양이 각 코드를 잡기에 접합한 위치에 있어야 더욱 빠르고 안정적으로 코드를 잡을 수 있습니다.

● **다운 스트로크 & 코드 바꾸기**

왼손이 코드를 빠르게 바꾸지 못하면 연주 중에 멈추는 상황이 생길 수 있으니, 연주를 시작하기 전에
코드 바꾸는 연습을 충분히 하고 연주를 하면 도움이 됩니다.

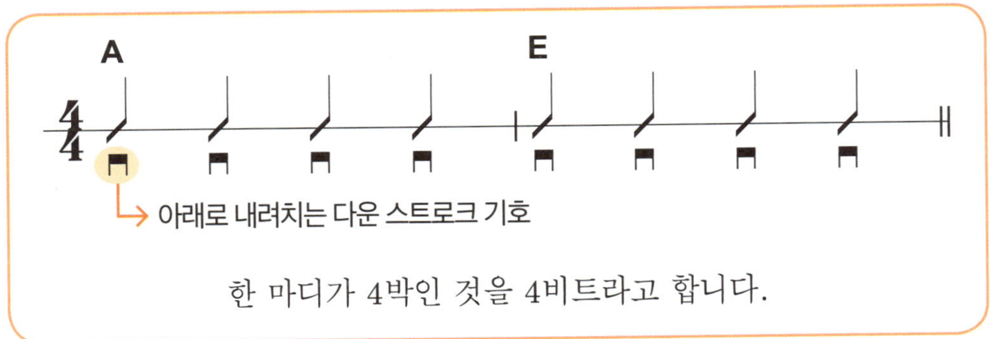

● **A코드에서 E코드로 바꾸기**

1. A코드에서

2. 4번 손가락을 떼고

3. 2, 3번 손가락을 한 줄씩
   위로 올린 다음

4. 1번 손가락을 주먹 쥐듯 구부려
   3번 줄 1프렛을 누른다.

이 순서를 거꾸로 하여 E코드에서 A코드로 바꾸는 연습도 해보세요.

각 코드를 잡는 손 모양이 익숙해질수록 코드를 바꾸는 속도가 빨라집니다.

비행기

윤석중 작사 · 외국 곡

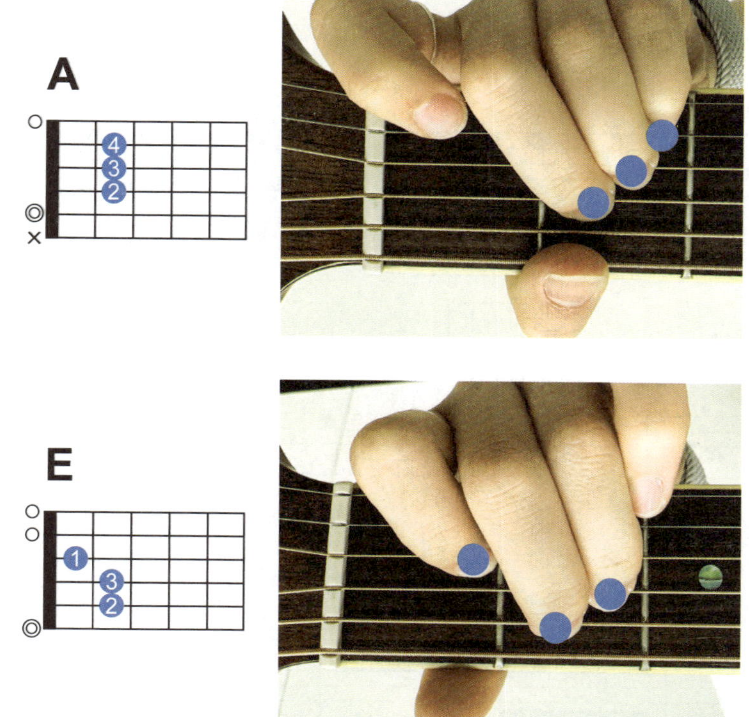

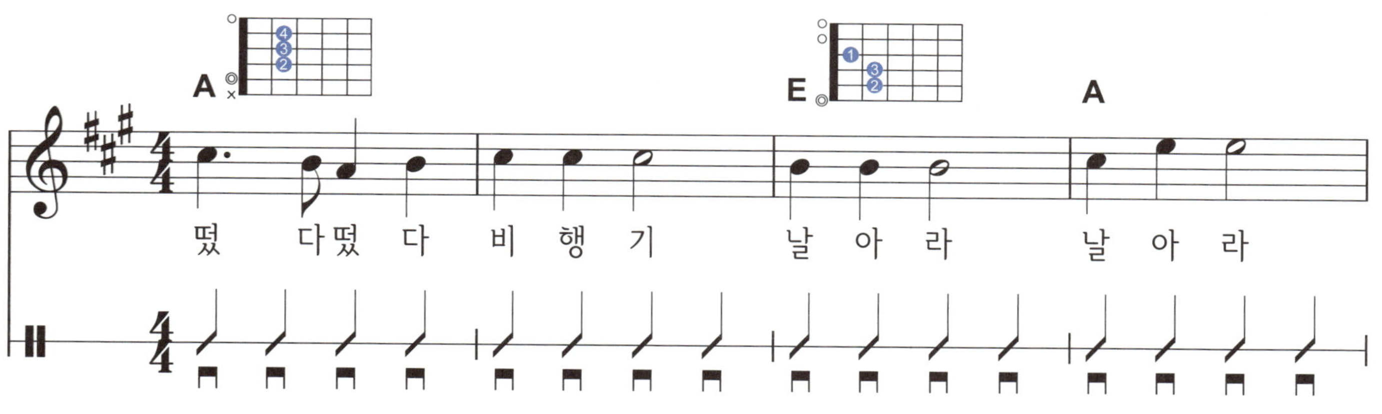

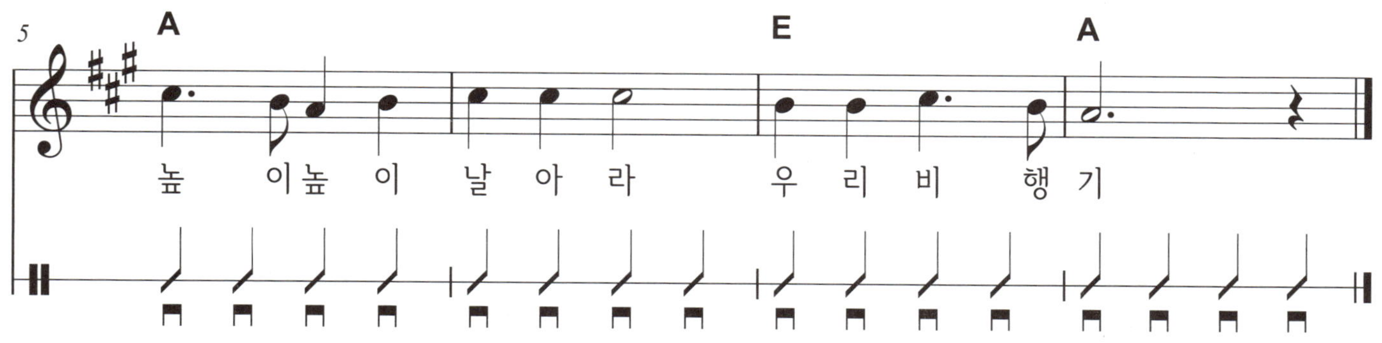

곰 세 마리

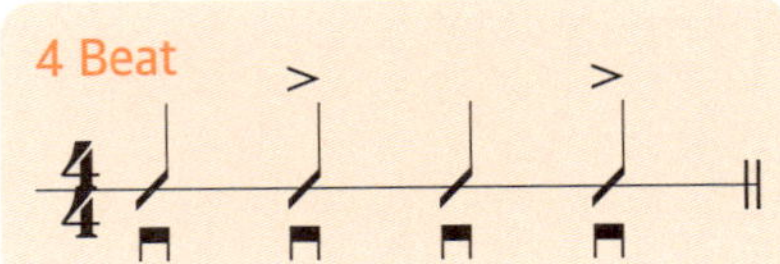

엄마 돼지 아기 돼지

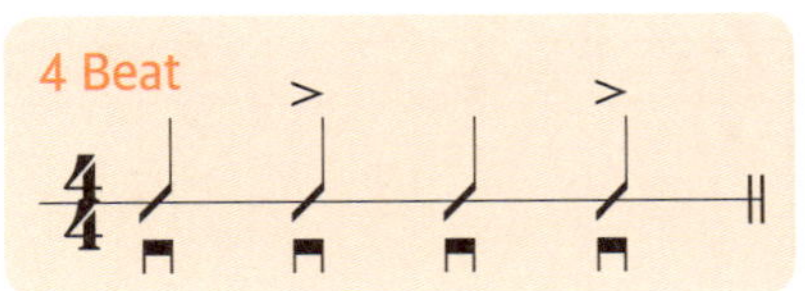

② E7코드

● E7코드의 운지

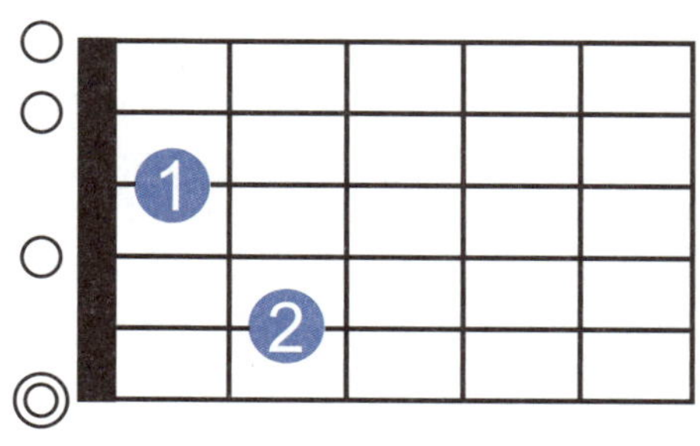 

E코드에서 3번 손가락을 떼면 E7코드가 됩니다.

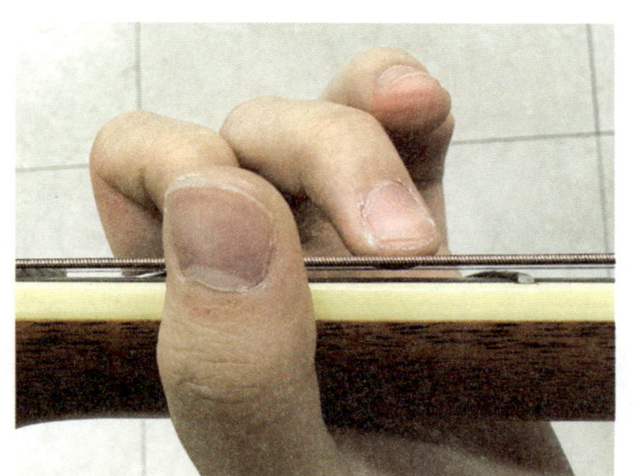

위에서 본 손 모양

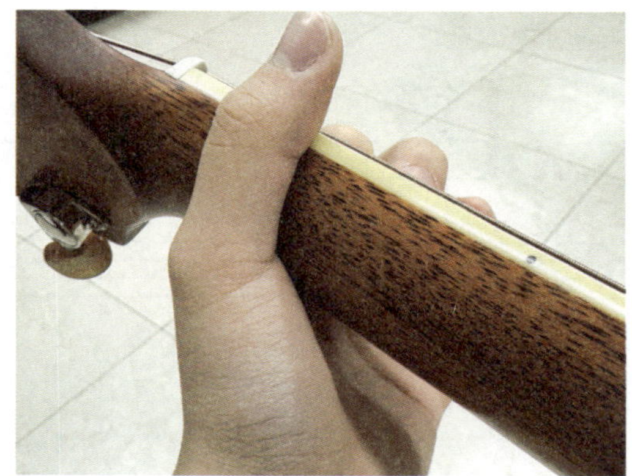

넥 뒤쪽의 손 모양

4번 손가락 쪽 손바닥은 넥에 닿지 않게 잡습니다.

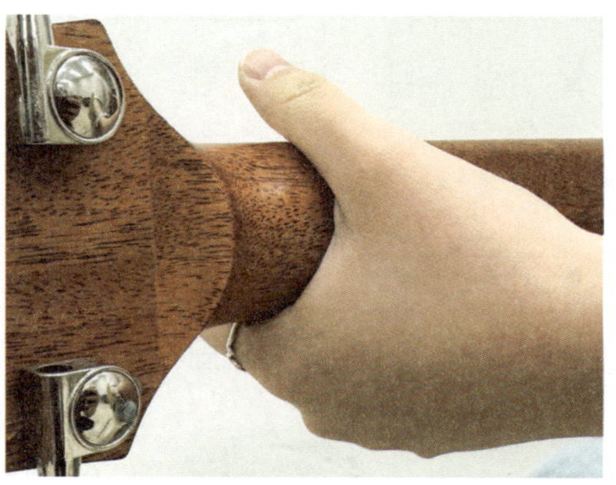

엄지가 6번 줄에 닿지 않도록 마디를 펴서 잡습니다.

E코드와 동일한 모양으로 잡으면, 쉽게 소리를 낼 수 있습니다.

나비야

작사 미상 • 독일 민요

줄을 누르는 손가락이 많이 아프면 줄을 바꿔보세요. 기타 줄은 여러 회사에서 제작되며 재질과 두께도 다양합니다. 얇은 줄을 사용하면 좀 더 편하게 코드를 잡을 수 있습니다.

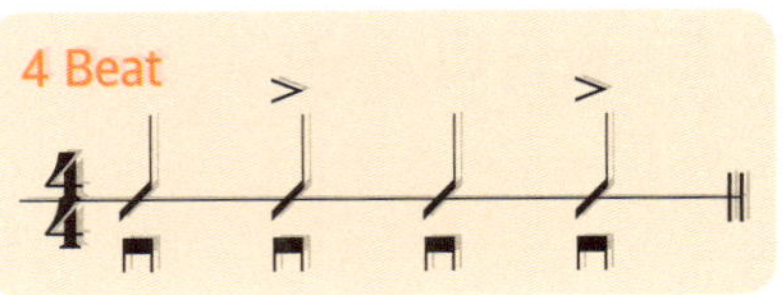

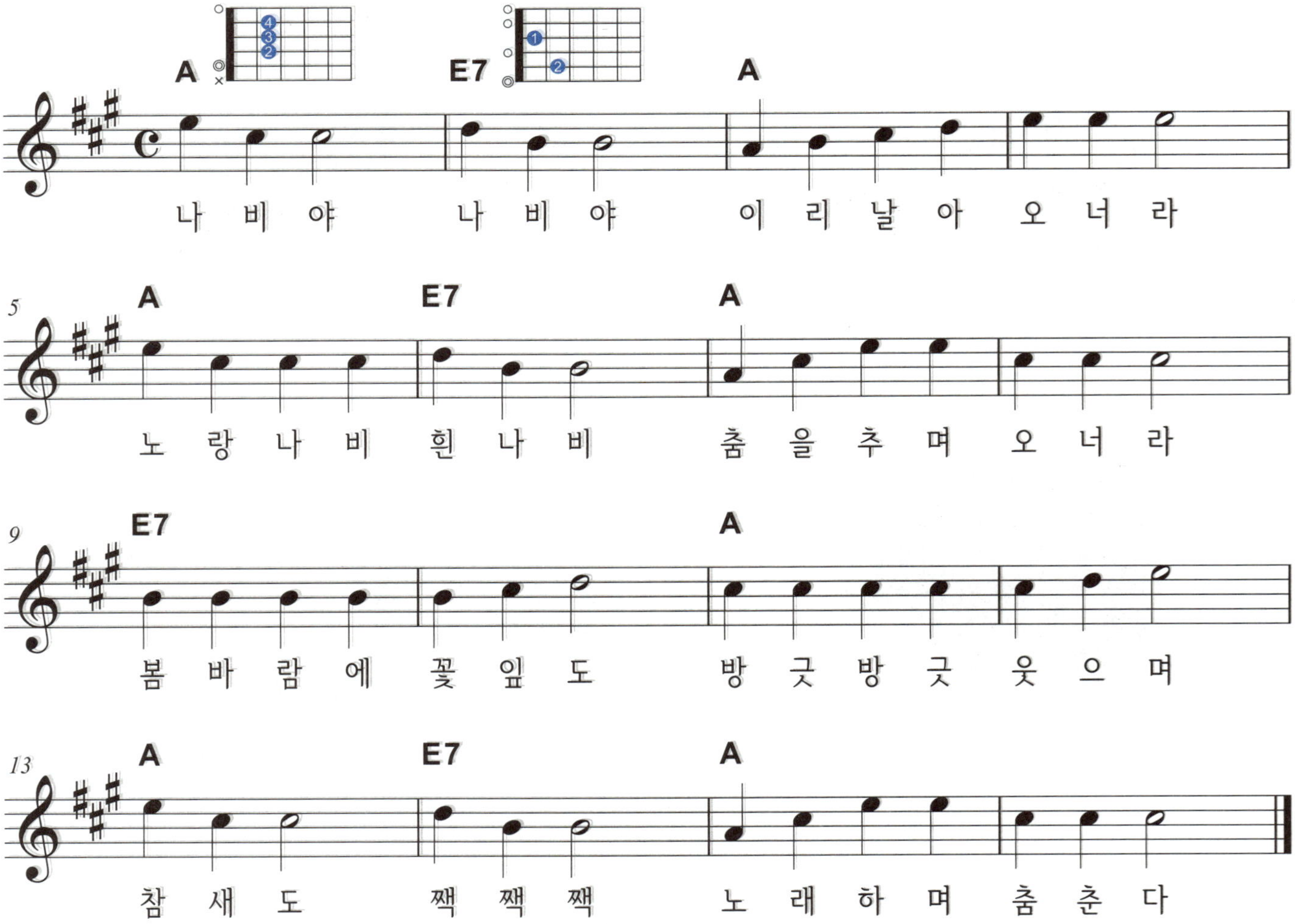

산토끼

이일래 작사 • 이일래 작곡

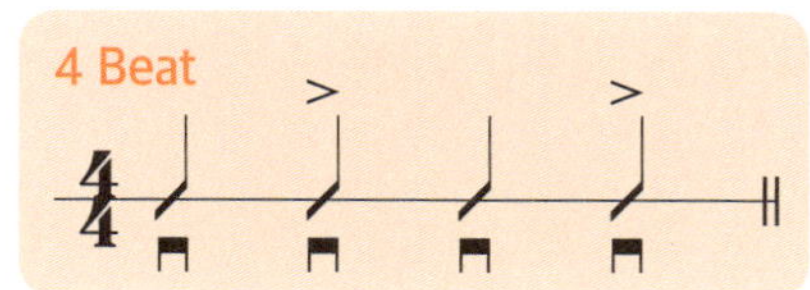

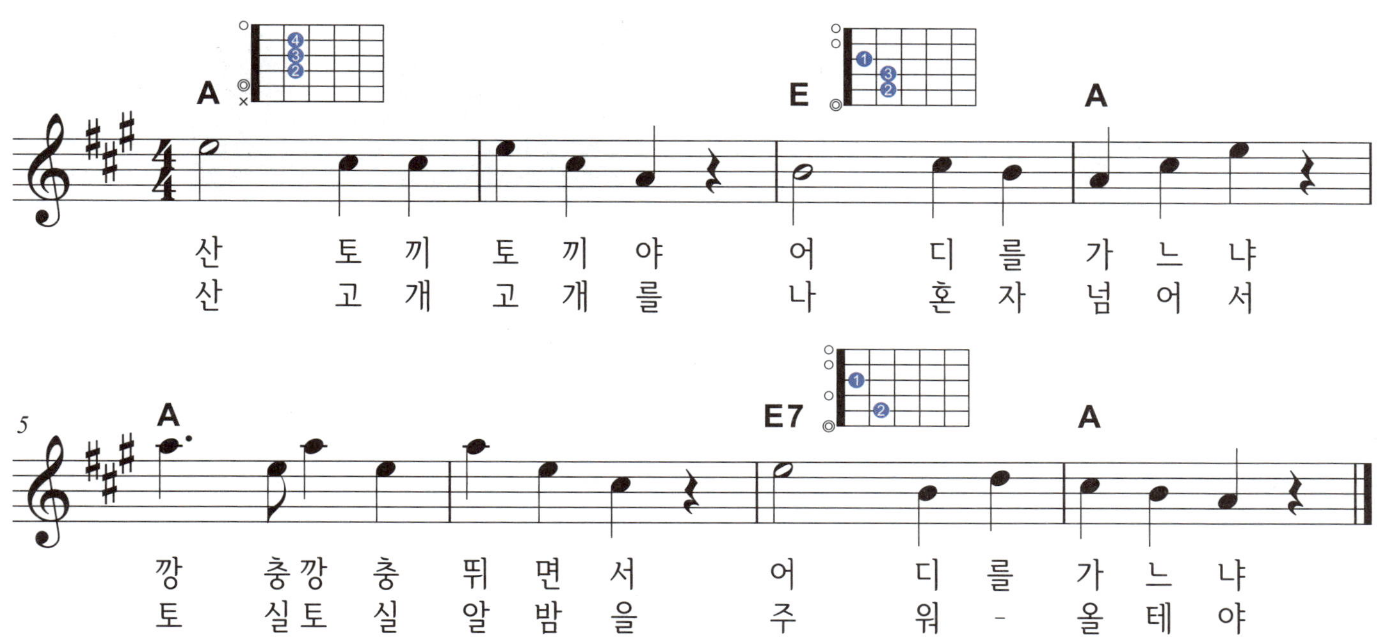

또 만나요

오세은 작사 • 오세은 작곡

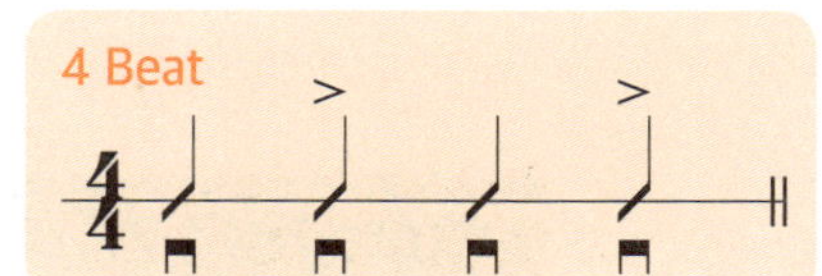

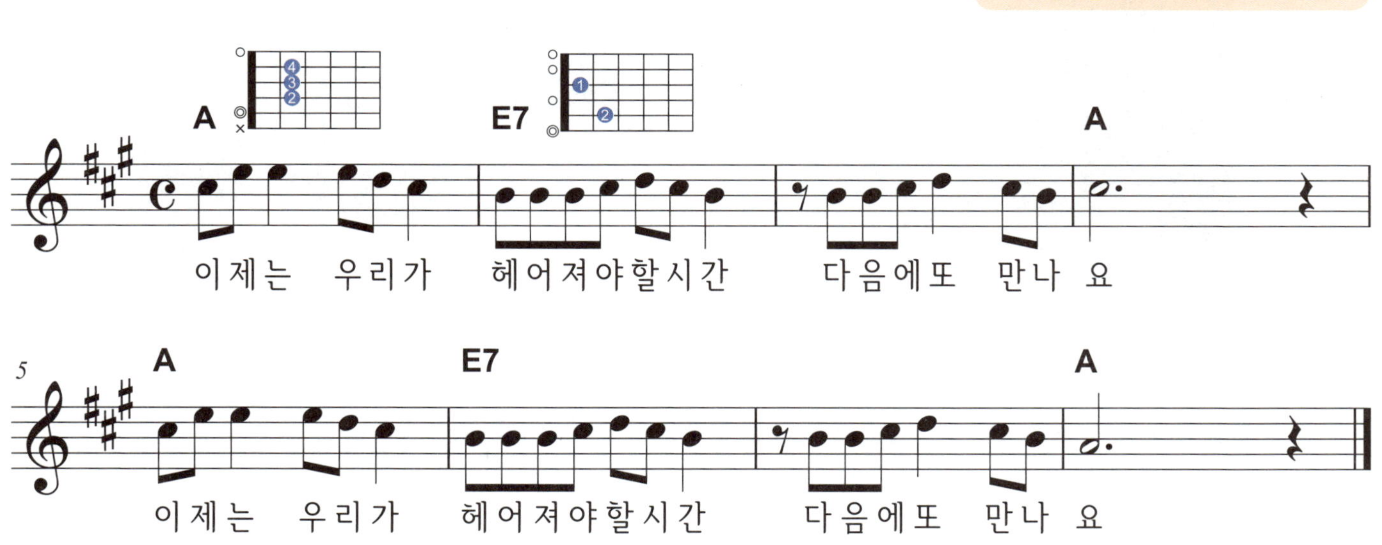

● D코드의 운지

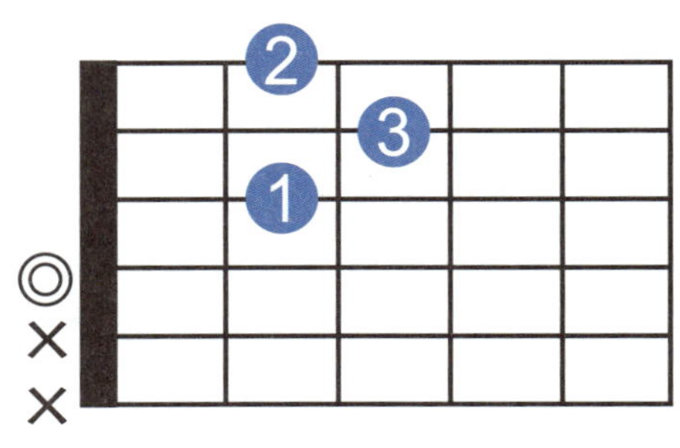

D코드는 얇은 줄을 누르는 코드이기 때문에 코드를 너무 세게 누르면 줄을 누르는 손가락 끝부분이 아플 수 있습니다. 위치와 모양을 익힌다고 생각하고 가볍게 누르면서 연습합니다.

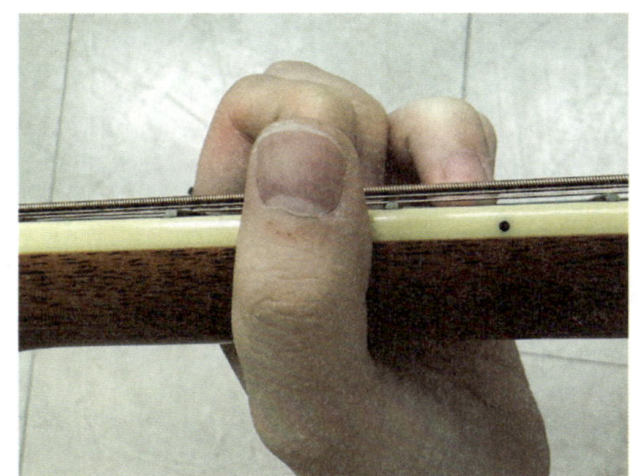

위에서 본 손 모양

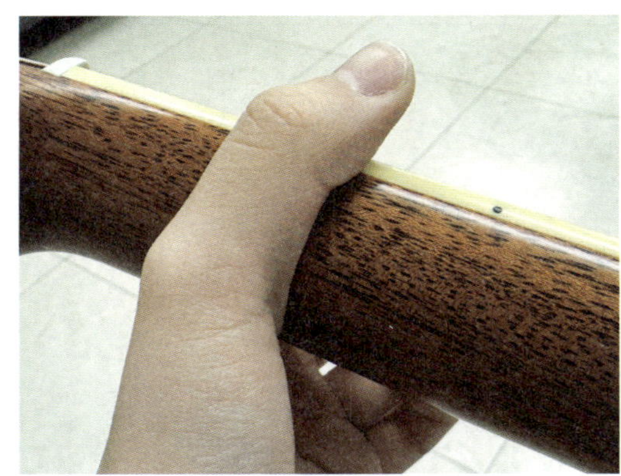

넥 뒤쪽의 손 모양

4번 손가락 쪽 손바닥은 넥에 닿지 않게 잡습니다.

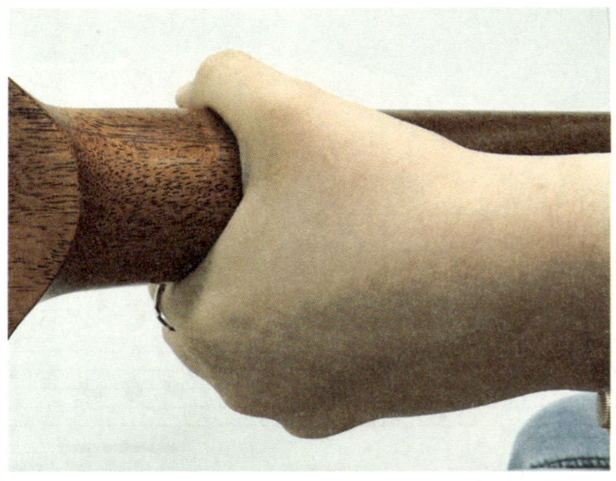

엄지손가락이 6번 줄에 살짝 닿도록 잡습니다. (6번 줄이 눌리면 안됩니다.)

왼손 엄지와 검지 부분으로 넥 뒤쪽을 감싸듯 잡는 것이 포인트입니다.

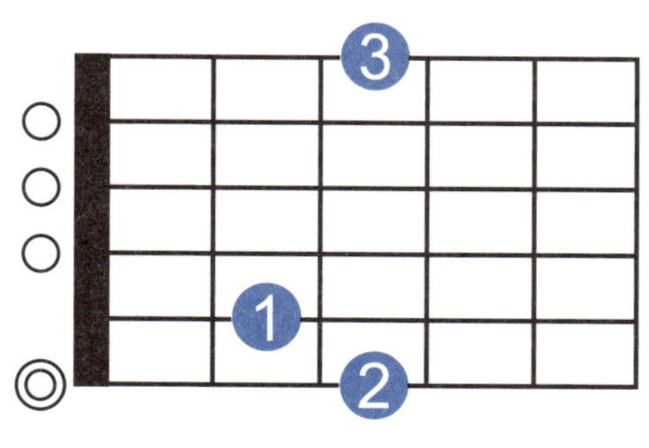

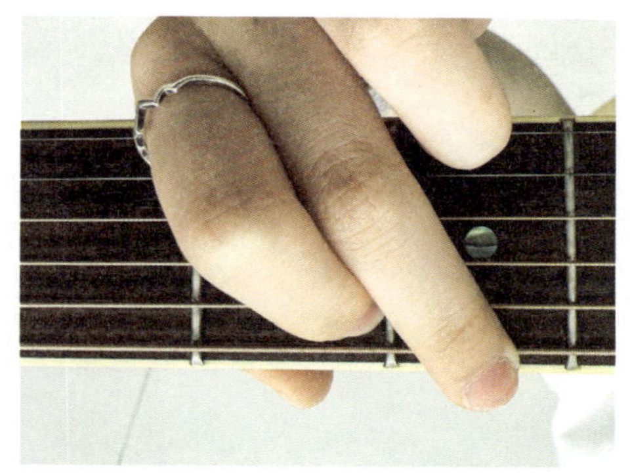

G코드는 왼손 손목을 기타의 헤드 부분을 향해 밀어주는 모습으로 잡아야 여섯 줄 모두 맑은 소리를 낼 수 있습니다.

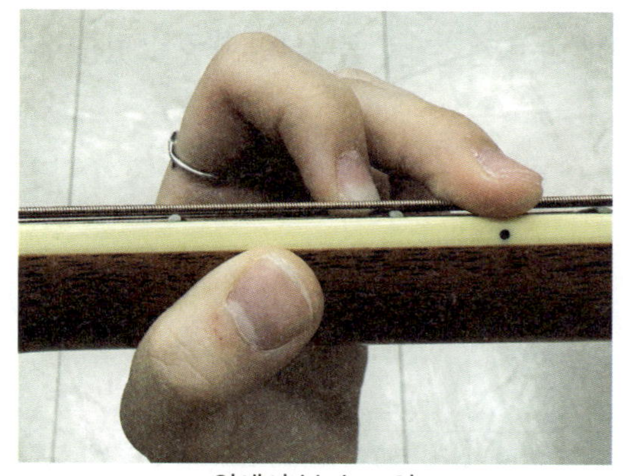

위에서 본 손 모양

넥 뒤쪽의 손 모양

엄지손가락 부분은 넥에 붙이고, 새끼손가락 부분은 최대한 아래로 내려 손이 대각선이 되도록 잡습니다.

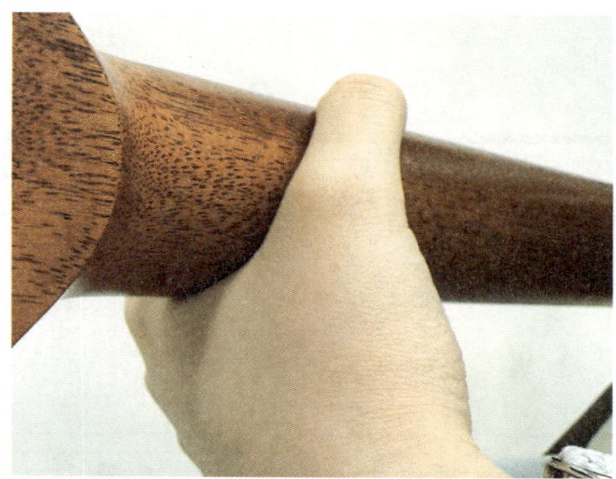

엄지손가락을 펴서 넥 뒤쪽에서 앞으로 밀어주듯 잡습니다.

6번 줄을 잡는 2번 손가락은 6번 줄이 아닌 그 위의 지판(프렛보드)의 끝부분 나무를 누릅니다.

2, 3번 손가락은 끝마디에 다른 손가락과 다르게 살이 많은 편이기 때문에 G코드를 잡을 때 2번 손가락을 정확히 6번 줄 위를 누르게 되면, 손가락의 살이 5번 줄에 닿아 뮤트(mute) 되는 경우가 많습니다.

올챙이와 개구리

윤현진 작사 • 윤현진 작곡

TIP

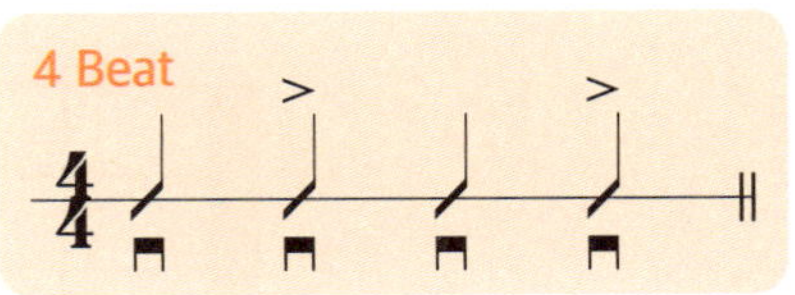

코드를 잡을 때는 힘을 살짝 빼서 가볍게 잡아보세요. 줄을 세게 누르면 손가락 끝부분이 아플 수 있습니다. 너무 세게 잡지 않아도 소리를 낼 수 있습니다.

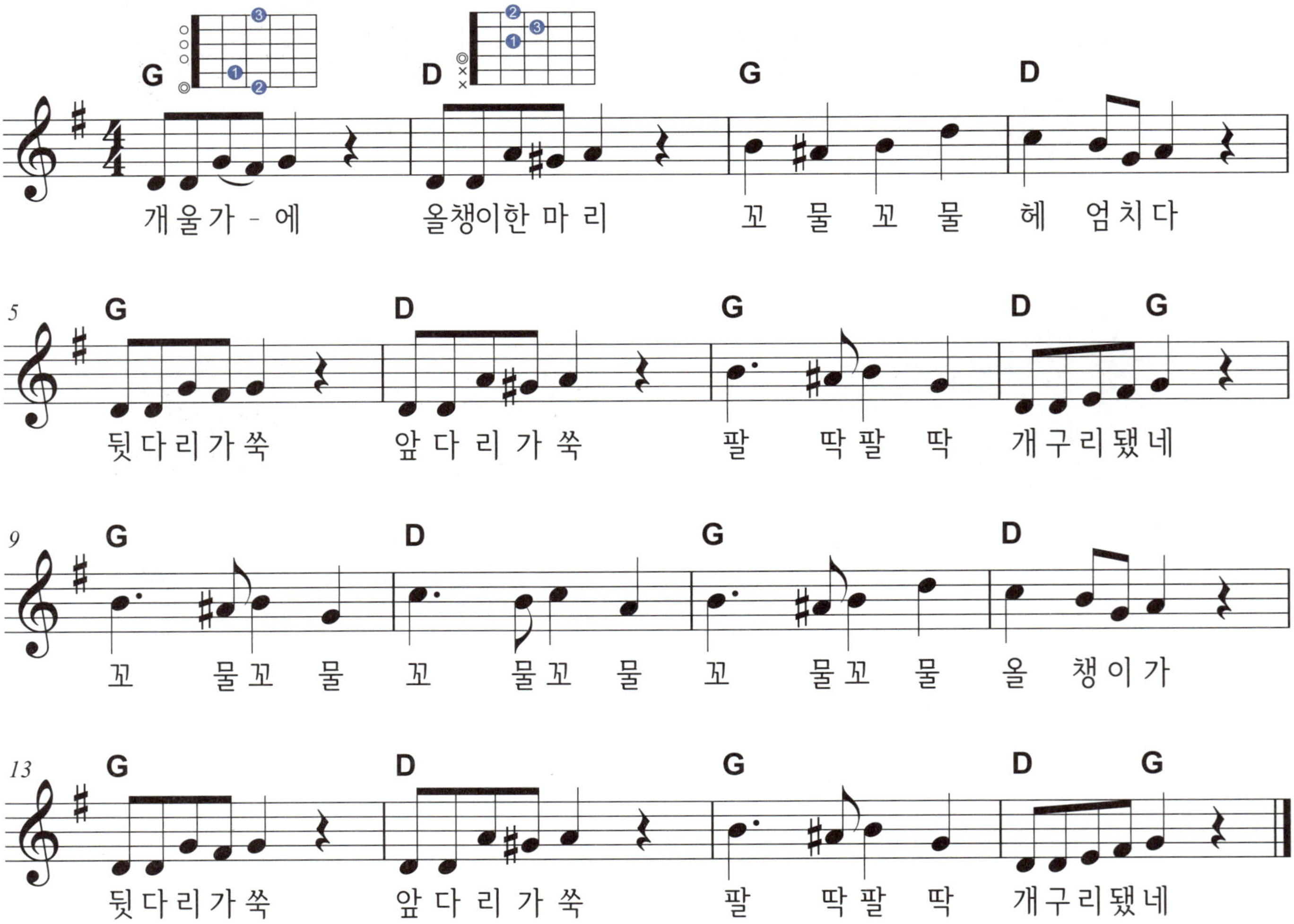

개구장이

김창완 작사 · 김창완 작곡 · 산울림 노래

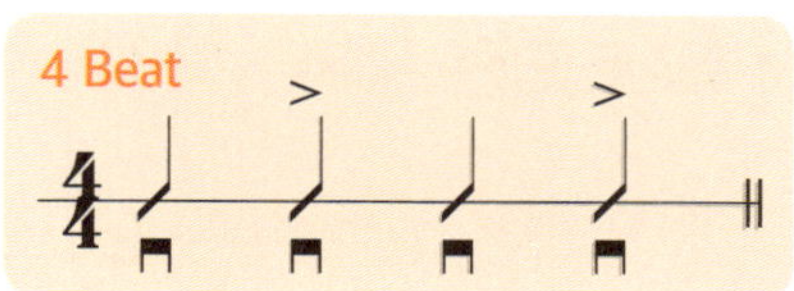

④ A7코드, D7코드, Em코드, B7코드

● A7코드의 운지

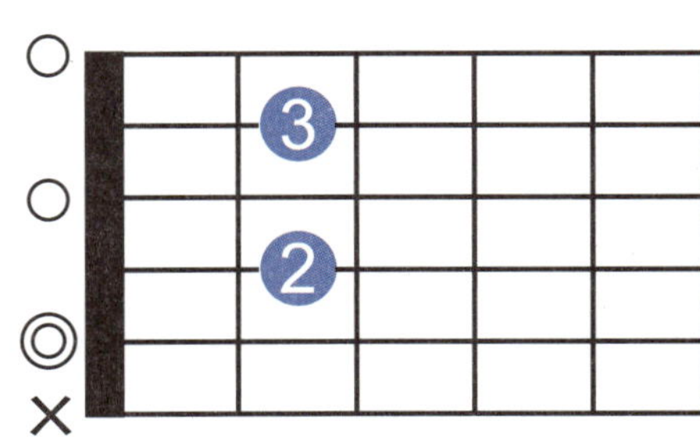

A7코드의 운지는 2, 3번 손가락으로 잡는 것을 기본으로 하지만, 경우에 따라 A7코드 앞에 나오는 코드와 운지가 연결될 수 있도록 1, 2번 손가락으로 잡기도 합니다.

● D7코드의 운지

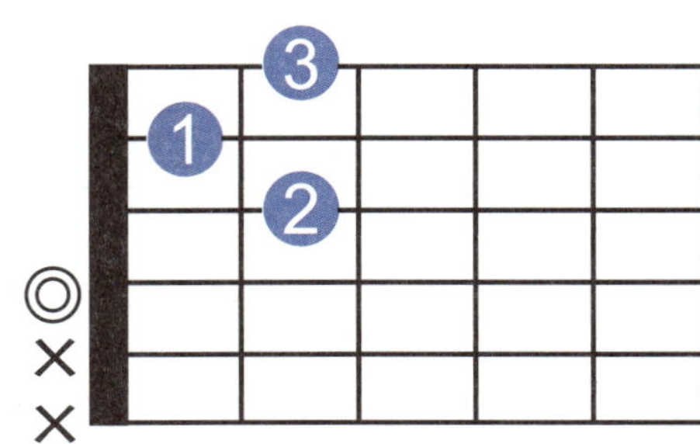

D7코드는 D코드와 동일한 폼으로 잡게 되며, 손의 위치가 기타의 헤드 방향으로 살짝 이동하여 잡으면 됩니다.

● Em코드의 운지

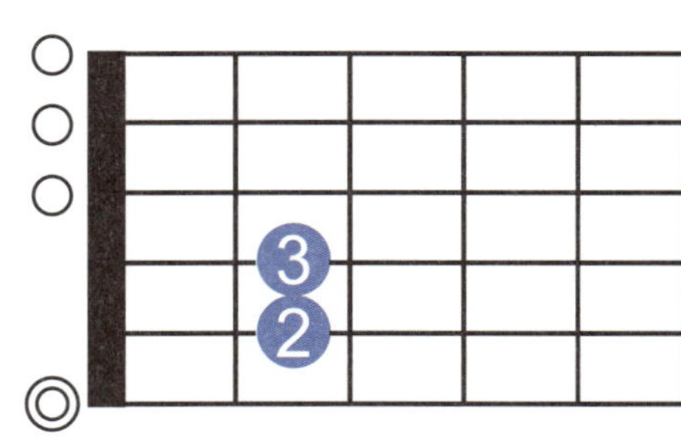
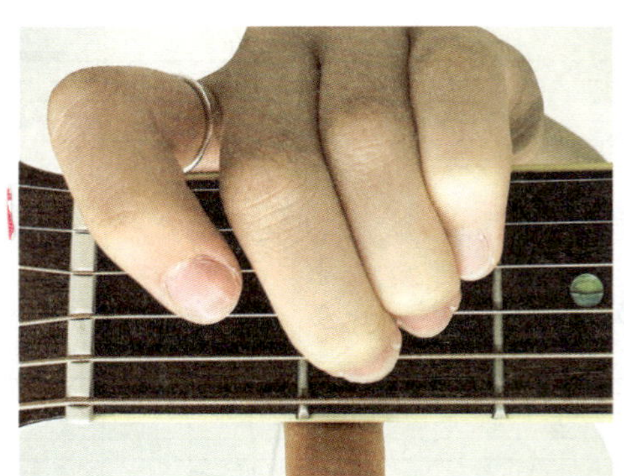

E코드와 동일한 모양에서 1번 손가락만 빠진 모양입니다.

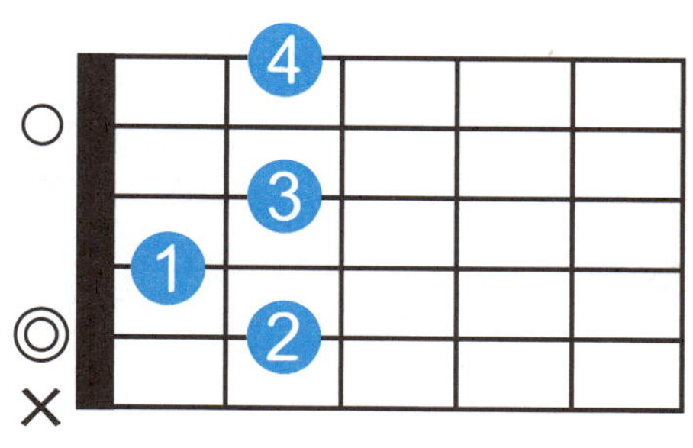 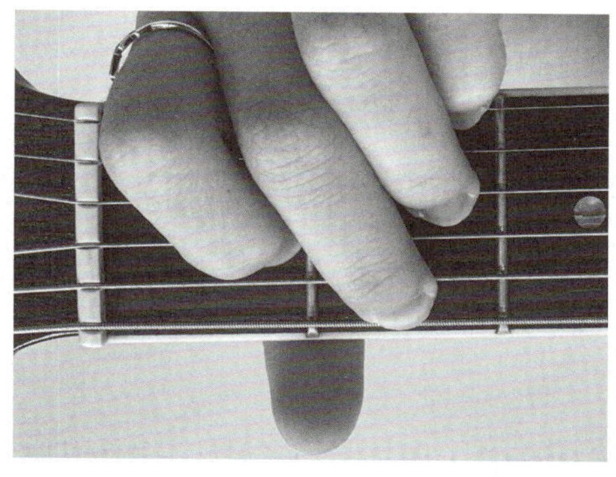

B7코드는 평소에 많이 사용하지 않는 새끼손가락을 사용하기 때문에 다른 손가락에 비해 정확도가 떨어질 수 있습니다. 코드를 잡은 채로 자세를 유지하고 있으면 코드폼 운지가 익숙해지는데 도움이 됩니다.

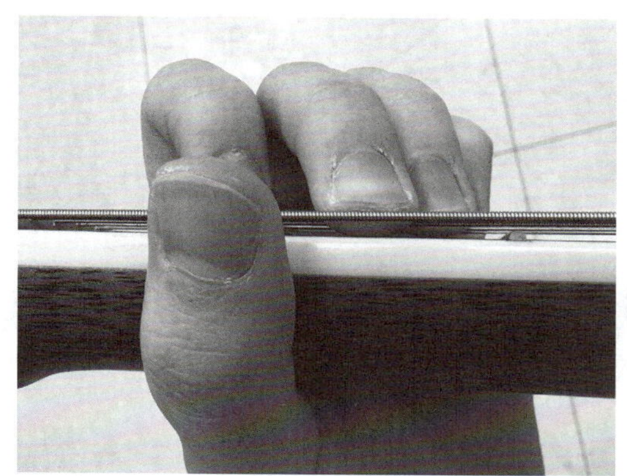

위에선 본 손 모양

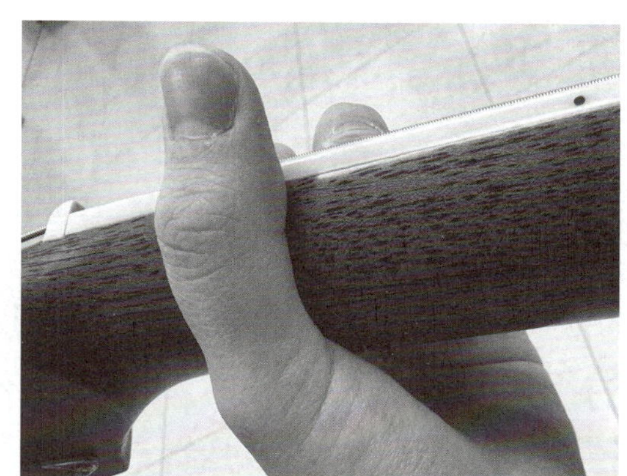

넥 뒤쪽의 손 모양

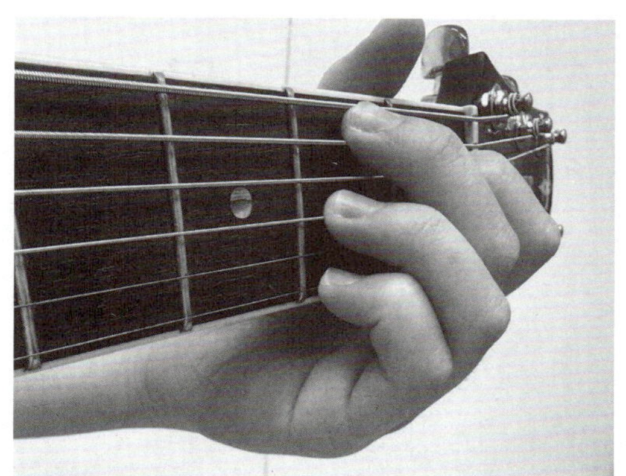

4번 손가락 쪽 손바닥은 넥에 닿지 않게 잡습니다.

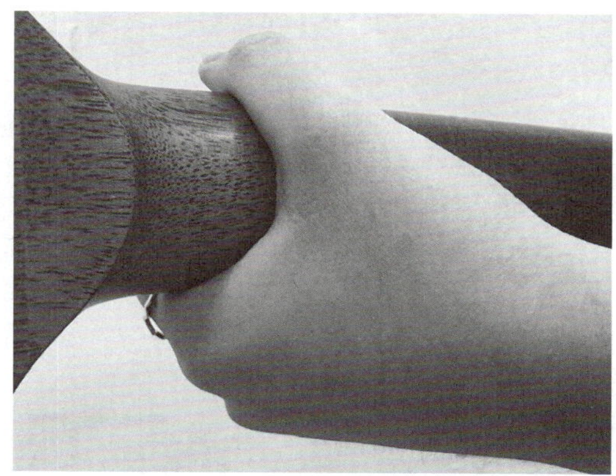

엄지손가락 부분이 넥 뒤쪽에서 앞으로 밀어주듯 잡습니다.

손바닥이 넥 뒤쪽에 닿으면 줄을 누르는 손가락에 힘이 잘 들어가지 않으므로 손바닥이 넥에 닿지 않도록 주의하세요.

매직 카펫 라이드

김윤아 작사 • 김윤아 작곡 • 자우림 노래

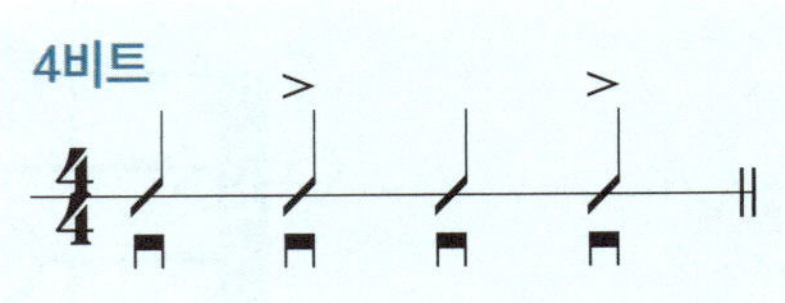

Half down tuning(반음 낮게 조율합니다.)

한번뿐 - 후회하 - 지마요 진짜로 - 가지고 - 싶은걸 - 가져요 이렇게
한번뿐 - 실수하 - 지마요 진짜로 - 해내고 - 싶은걸
멋 진 파란하 - 늘위에 지어진마 법 정원으 - 로와요 색색의
보 석 꽃과노 - 루비단 달콤한우 리 두사람 -
- 찾아요 - 용 감 하게씩 - 씩하게 오 늘의당 신을버
- 려봐요 이렇게멋 진 파란하 - 늘위로 날으는 마 법 융 단
- 을타고 이렇게멋 진 장미빛 - 인생을 당신과 나 와 우리둘
- 이함께 -

창밖을 보라

T. 미첼, L. 포터 작사 • 작곡

가장 얇은 통기타 줄을 사용해도 손이 많이 아프신가요? 그럼 일렉기타 줄로 바꿔보세요.
일렉기타 줄은 통기타 줄과 동일한 형태이기 때문에 호환이 가능하고 통기타 줄보다 두께도 더 얇아서 가볍게 잡아도 소리가 잘 납니다.

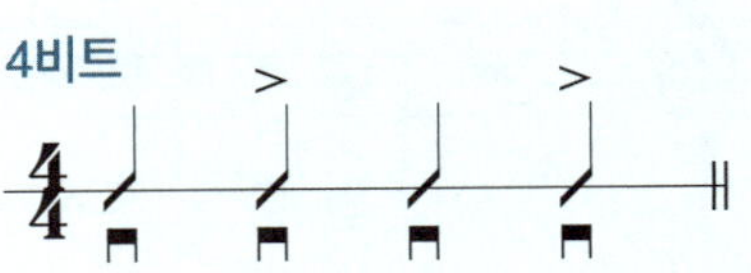

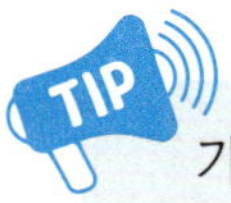

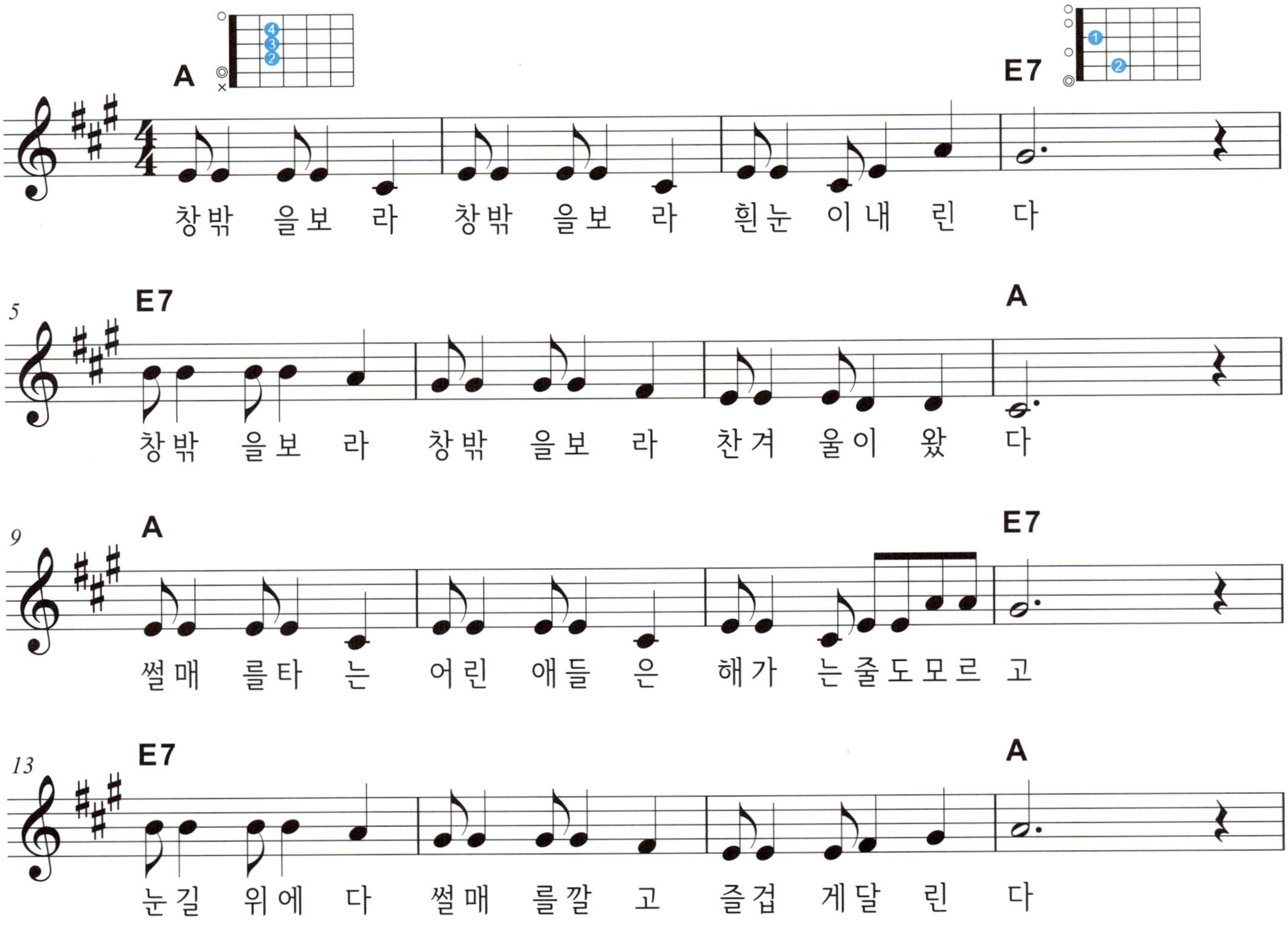

가장 얇은 1번 줄이나 2번 줄은 연습하는 과정에서 끊어질 수 있습니다. 이 때 끊어진 줄만 교체할지, 모든 줄을 교체할지 고민을 하게 됩니다.

줄을 교체한지 오래되지 않았거나 줄의 상태가 좋으면 끊어진 줄만 교체해도 되지만 모든 줄을 교체하면 동일한 컨디션을 유지할 수 있어서 좋습니다.

울면 안 돼

H. 길레스피 작사 • F. 쿠츠 작곡

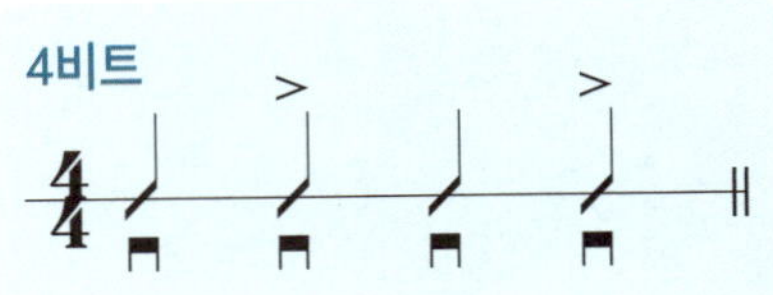

꿍따리 샤바라

김창환 작사 • 김창환 작곡 • 클론 노래

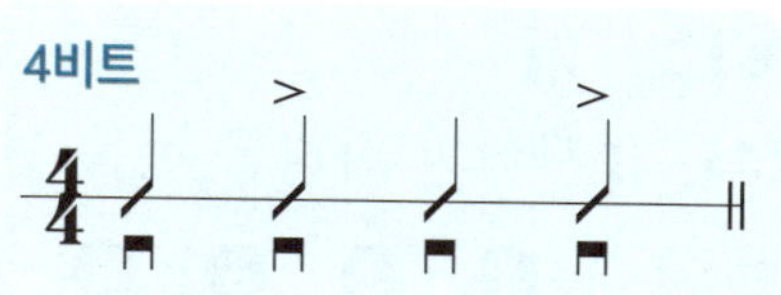

capo : 2fr

● ‖: :‖

‖:와 :‖ 사이의 마디를 반복 연주합니다.

연주 순서 : ❶ - ❷ - ❸ - ❹ - ❸ - ❹

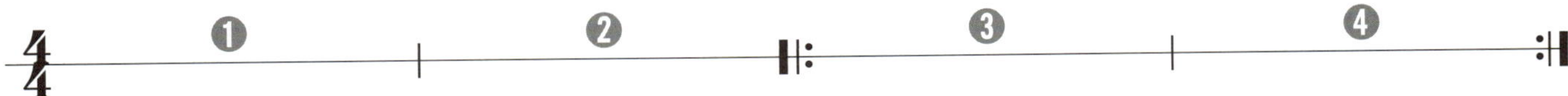

● │1. │2.

처음에는 │1. 을 연주하고 반복할 때는 │1. 을 건너뛰어 │2. 를 연주합니다.

연주 순서 : ❶ - ❷ - ❸ - ❶ - ❷ - ❹

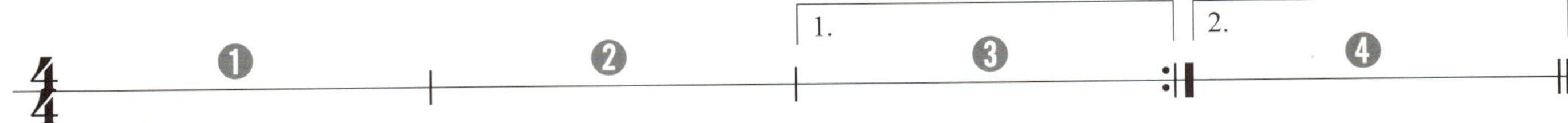

● 다 카포(*D.C.*)

*D.C.*에서 처음으로 돌아가 반복한 뒤 *Fine*에서 마칩니다.

연주 순서 : ❶ - ❷ - ❸ - ❹ - ❶ - ❷

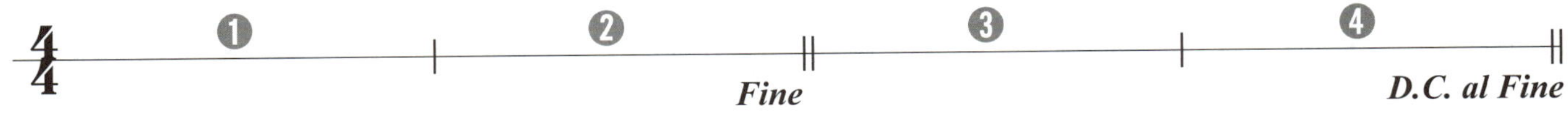

● 달 세뇨(*D.S.*)

*D.S.*에서 𝄋(세뇨)가 있는 곳으로 돌아가서 반복한 뒤 *Fine*에서 마칩니다.

연주 순서 : ❶ - ❷ - ❸ - ❹ - ❷ - ❸

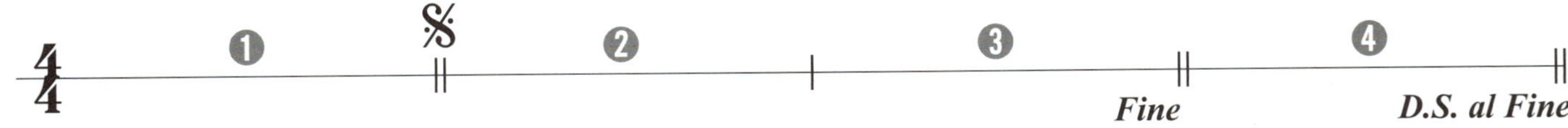

● 코다(⊕)

생략할 구간의 시작과 끝 부분에 표기하며 ⊕와 ⊕ 사이를 건너뛰어 *Fine*에서 마칩니다.

연주 순서 : ❶ - ❷ - ❸ - ❹ - ❺ - ❶ - ❹

루돌프 사슴코

J. 마크스 작사 • 작곡

 # 연주의 시작(칼립소, 슬로우 고고)

1 단골 리듬 익히기

● 칼립소

칼립소 리듬은 오른손을 아래 & 위로 8번 스윙하는 8비트 리듬입니다.

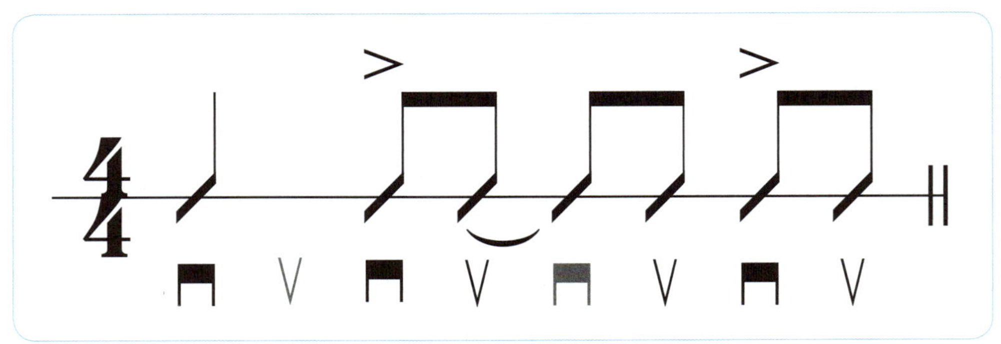

연습 순서

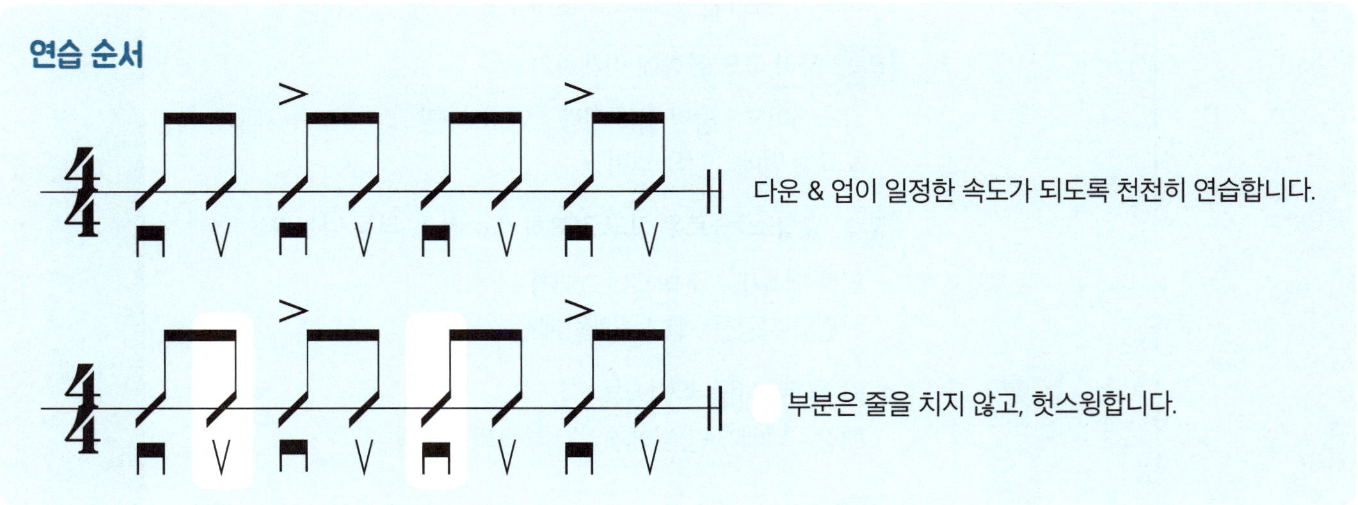

다운 & 업이 일정한 속도가 되도록 천천히 연습합니다.

○ 부분은 줄을 치지 않고, 헛스윙합니다.

처음부터 음악처럼 들리도록 연주하려고 하면 더 어렵게 느껴지니 먼저 느린 속도로 연습하고 익숙해지면 조금씩 빠르게 연습해야 합니다.

슬로우 고고 리듬은 오른손이 아래 & 위로 16번 스윙하는 16비트 리듬입니다.

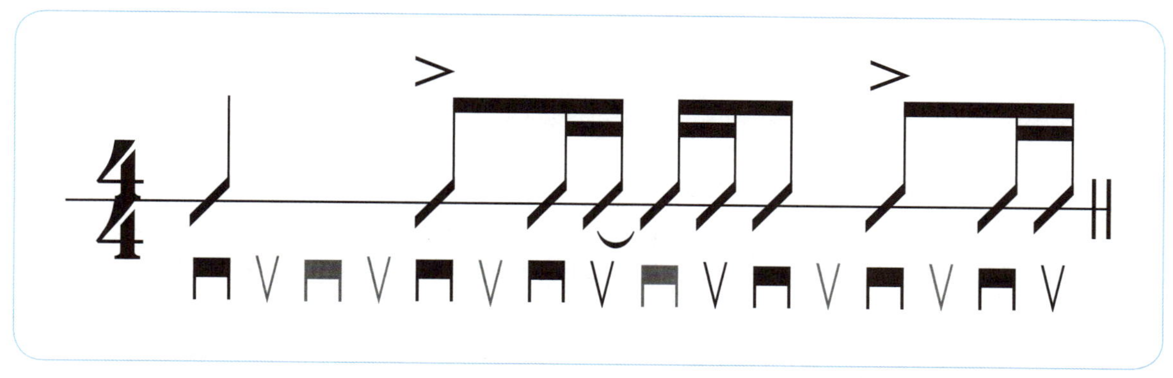

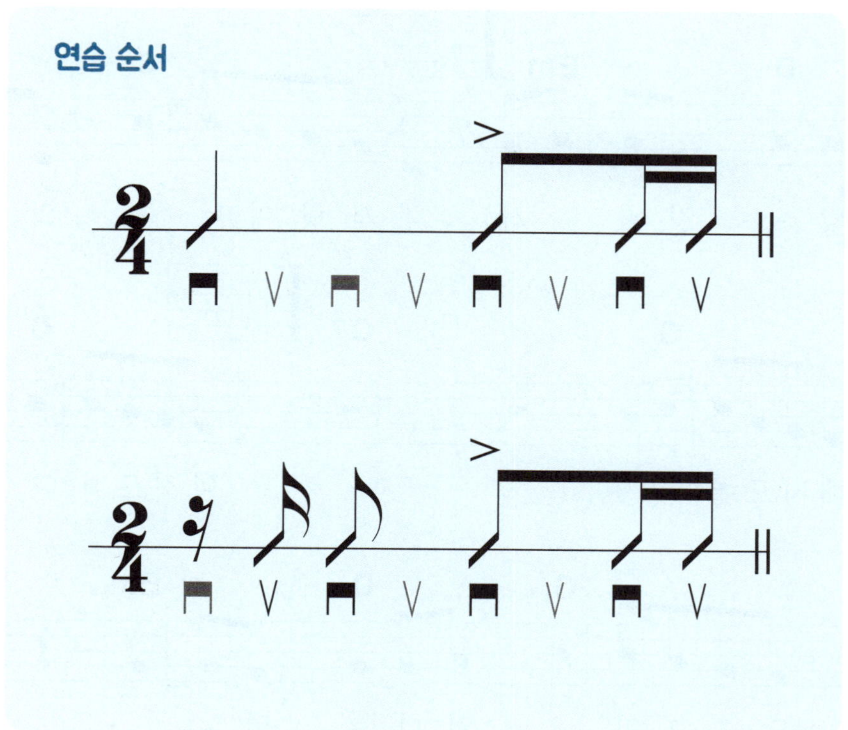

슬로우 고고 리듬을 반으로 나누어 충분히 연습한 후에 연결합니다.
칼립소를 먼저 연습한 후에 슬로우 고고를 연습해야 조금 더 빠르게 익힐 수 있습니다.

널 사랑하겠어

김창기 작사 • 김창기 작곡 • 동물원 노래

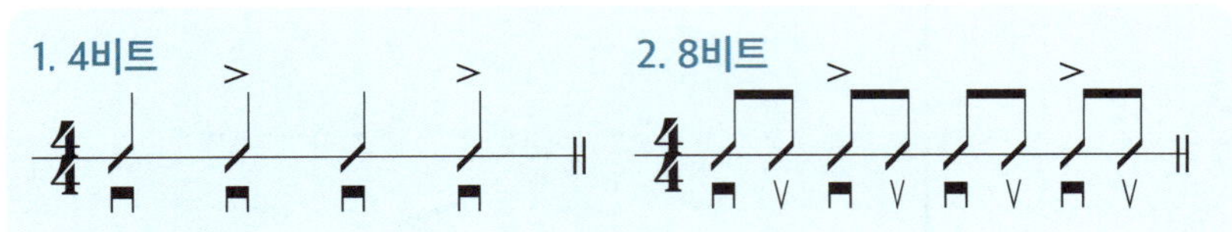

럼 이세상그 - 누구 - 보다 - -
널 사랑 하겠 어   어려운얘
- 기로 - 너의 - 호기심을자 - 극할수 - 도있
- 어 그흔한유 - 희로 이밤을보 - 낼   수도있
- 어   하지만나 - 의마 - 음을
- 이제는알 - 아줬으 - 면해 - 이세상그
- 누구 - 보다 - - 널사랑 하겠 어
D.S. al Coda
널 사 랑 하겠 어

사람이 꽃보다 아름다워

정지원 작사 • 안치환 작곡 • 안치환 노래

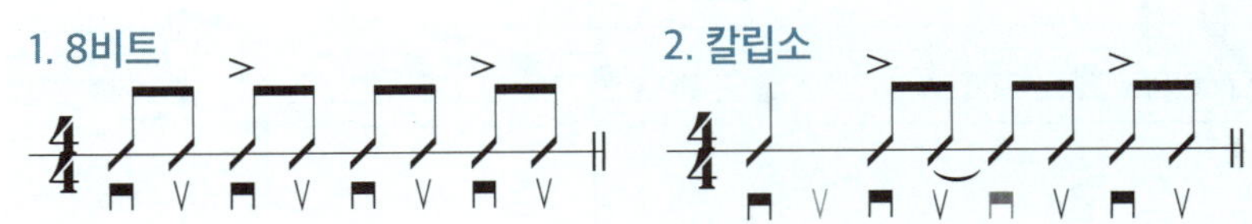

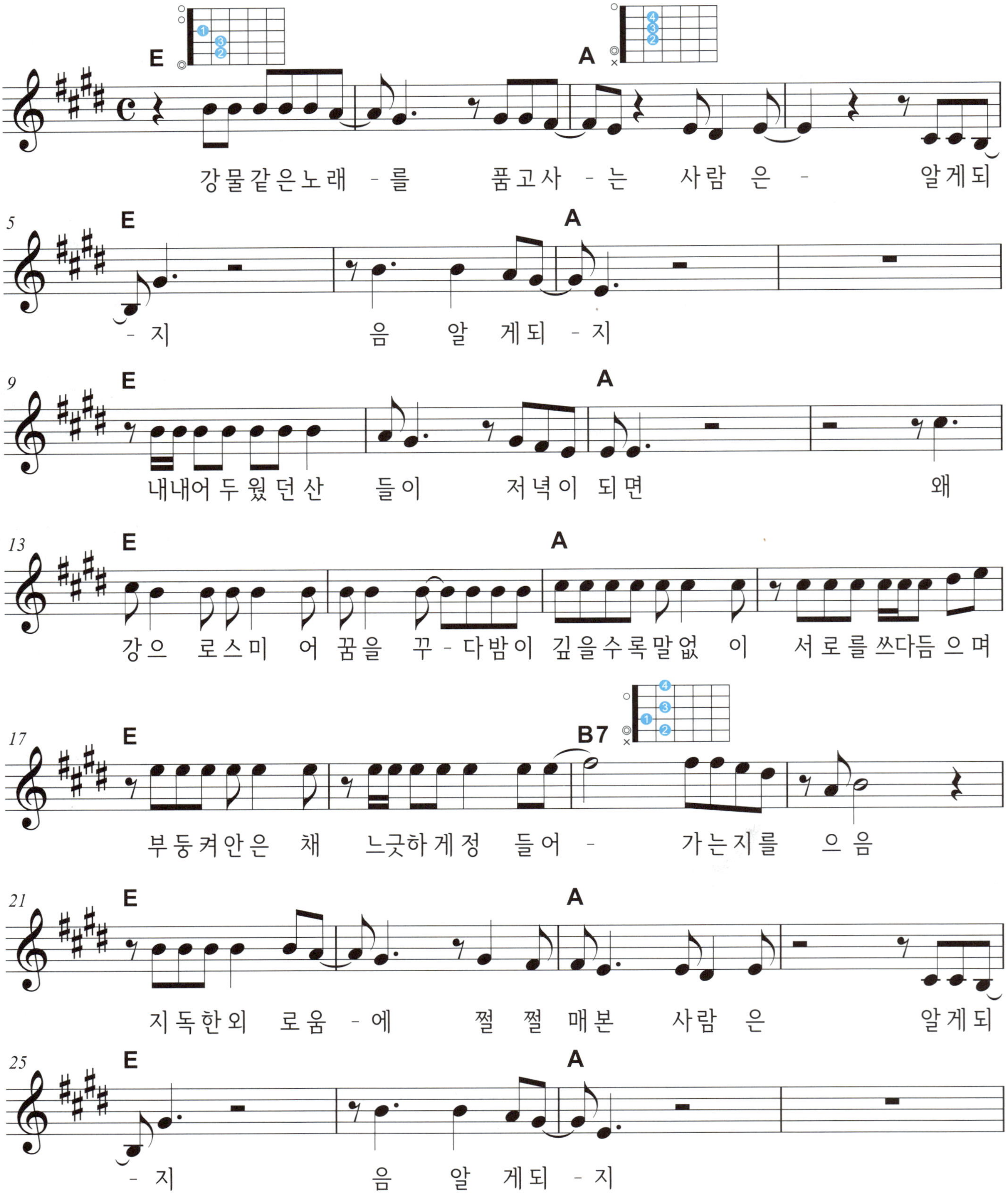

그 슬픔에 굴 하지 않고 비 켜 서지 않으 며 - 어 느
결에 반 - 짝이 는 꽃 눈 을 닫 고 우 - 렁 우 렁 잎 들 을
키 우 는 사랑이야말 로 짙 푸 른 숲 이 되고 산 이 되 어 메 아 리 로
- 남 는 다 는 것 을 - 누 가 뭐 래 도 - 누 가 뭐 래 도 - 사 람 이
꽃 보 다 아 름 다 워 - 이 모 든 외 로 움 이 겨 낸 - 바
로 그 사 람 - 누 가 뭐 래 도 - 누 가 뭐 래 도 - 그 대 는
꽃 보 다 아 름 다 워 - 노 래 의 온 - 길 품 - 고 사 - 는 바 로
그 대 바 로 당 신 바 로 우 리 우 린 참 사 랑 -

Hey Hey Hey

김윤아 작사 • 김윤아 작곡 • 자우림 노래

Hey Hey Hey - -
Hey Hey Hey
Hey Hey Hey - -
영원히 - 내곁에
눈뜨면 - 언제나 - 그대의 - 미소가
나를웃게하지
영원히 - 내곁에 - 눈뜨면
언제나 - 그대의 - 미소가 나를웃게하지
햇살이한 - 가득 파 란하늘을채 우고 -
꽃을든그 - 대가 나 의마음을채 우고 -
향기가한 - 가득 하 얀도시를채 우고 -
꽃다운내 - 가 그대 의마음을채 우고 -

2 Am코드와 C코드

● Am코드의 운지

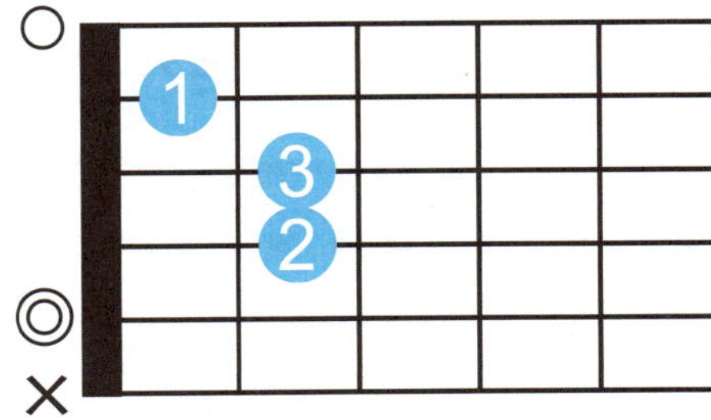

Am코드는 E코드와 동일한 손 모양에서 위로 올라간 형태입니다.

E코드와 Am코드 비교

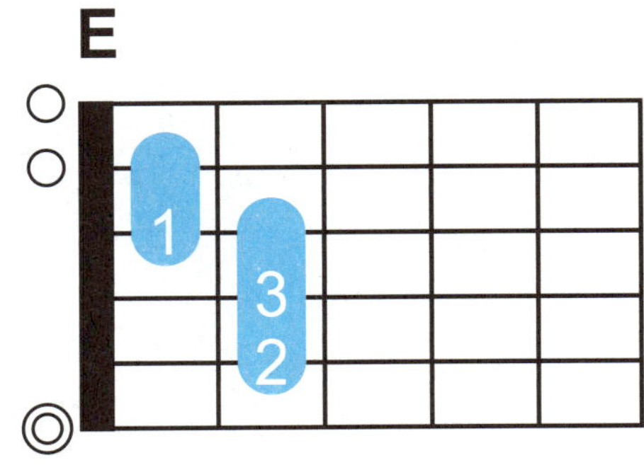
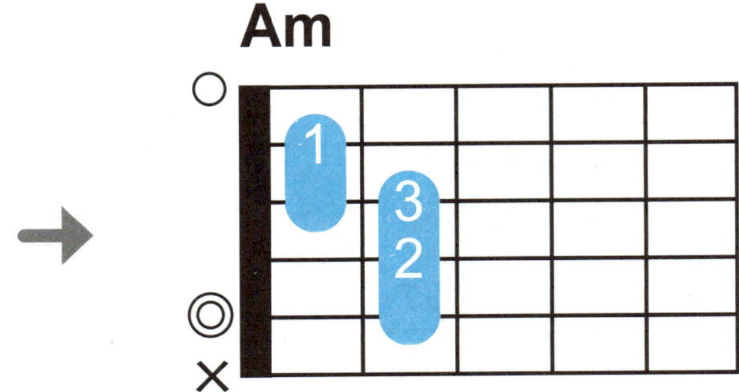

● C코드의 운지

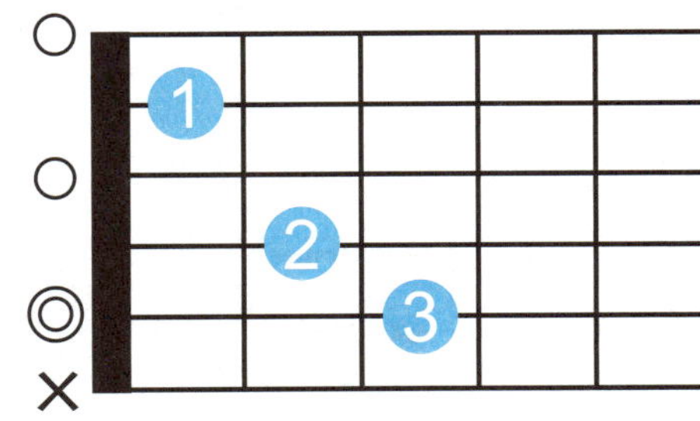

C코드는 Am코드에서 3번 손가락이 5번줄로 이동한 형태입니다.

Am코드와 C코드 비교

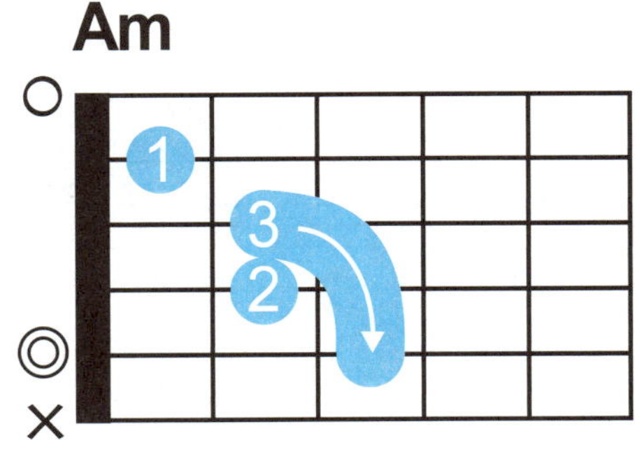
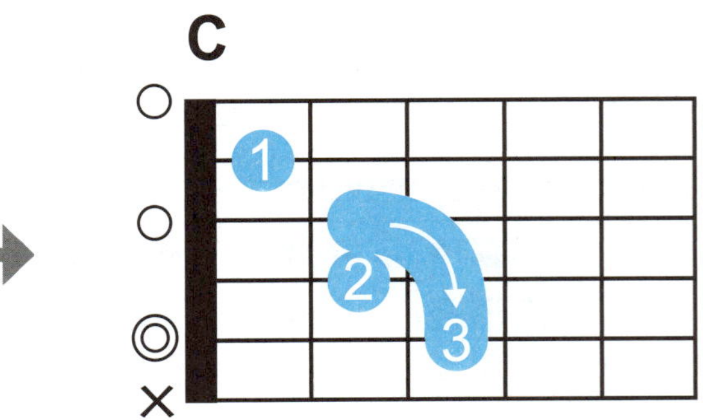

솜사탕

정근 작사 • 이수인 작곡

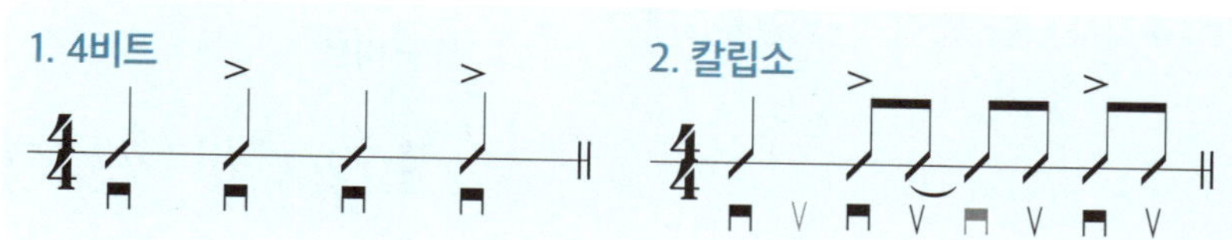

기타 줄은 우리가 손으로 직접 만지기 때문에 손에 있는 땀과 기름이 기타 줄에 묻게 되고 이것이 방치되면 줄이 녹슬게 됩니다.
기타를 연주한 뒤에는 부드러운 천으로 줄을 가볍게 닦아 보관하거나 스트링 클리너를 활용하면 줄을 더욱 오래 사용할 수 있습니다.

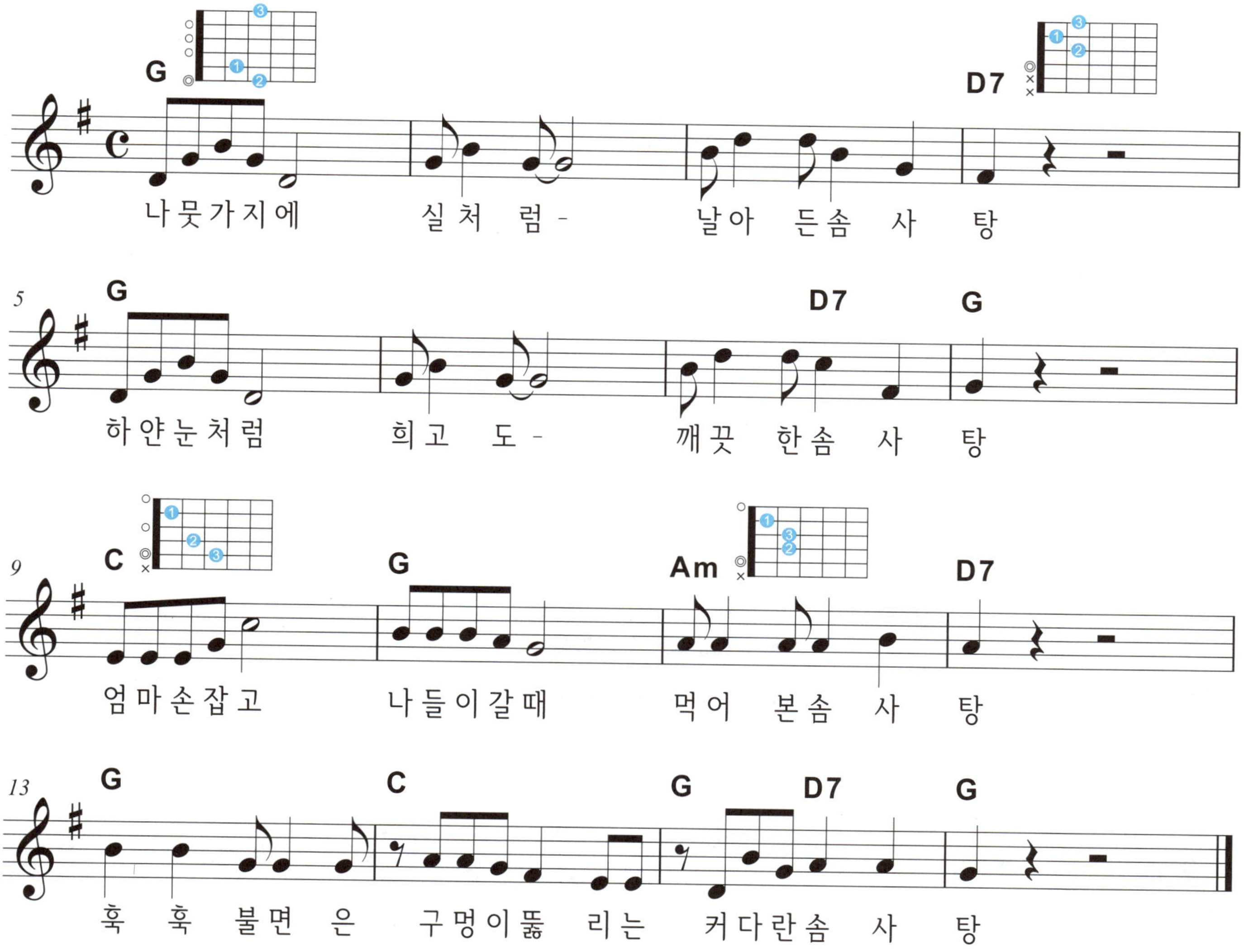

사랑은 늘 도망가

강태규 작사 • 홍진영 작곡 • 임영웅 노래

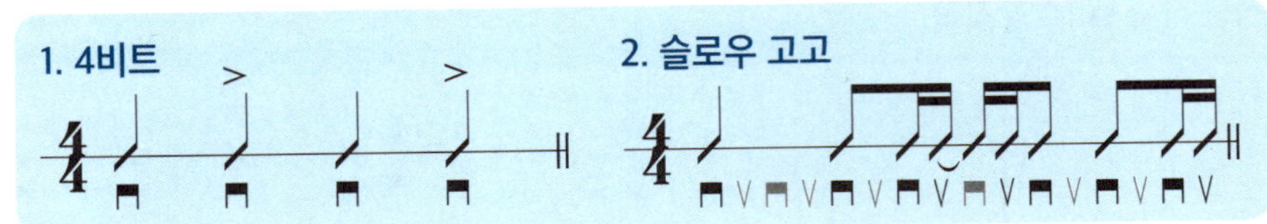

capo : 1fr

쉬 어가면 좋을 -텐 -데--
바람 이 분 -다 옷 깃을 세워도- 차
가 운 이 별의- 눈 물 이 차올 라- 잇 지 못 -해 -서 도 가
슴 에 사무 친- 내 소 중 했던 사 람 아 사 랑-
-데-- 기 다림 도- 애 태움- 도 다 버 려 야하는데- 무얼
찾 아 이 길을 서 성일 까 - 무얼 찾 --아 -- 여 기있 -나
- 사 랑- -데-- 잠시- 쉬 어가면
좋을 -텐 -데--
D.S. al coda

비와 당신

방준석 작사 • 방준석 작곡 • 미도와 파라솔 노래

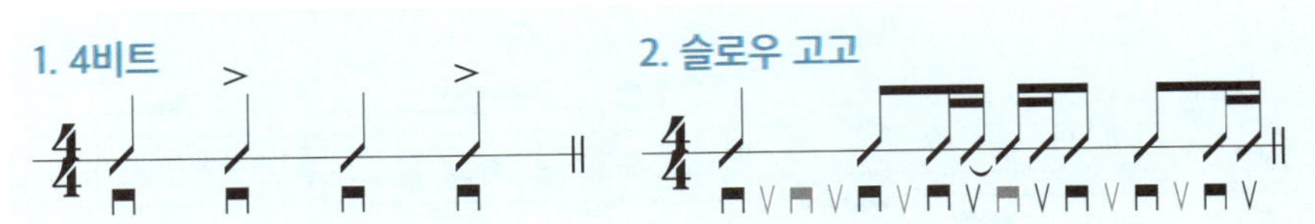

이 젠 괜 찮은 - 데 -
사랑따윈저버 렸 는 데 에 - - 바 보
같 은난 - 눈 물 - 이 날 - 까 -
다 신 안 올텐 - 데 - 잊지못한내가 싫 은
데 에 - - 언 제 까 지나 -
맘은 - 아 플 - 까 - 눈물 - 이 날 - 까 -
D.S. al coda
rit.

57

하이 코드(바레 코드)는 말만 들어도 손이 아프고 어렵다는 느낌을 주는 코드들입니다. 다른 코드들도 마찬가지지만 하이 코드는 특히, 자세 연습이 잘 되어야 쉽게 소리 낼 수 있습니다. 하이 코드(바레 코드)란 C코드, Am코드 등과 달리 개방현을 사용하지 않으며 우리가 흔히 알고 있는 F코드처럼 집게손가락이 여섯 줄 혹은 다섯 줄을 일자로 한 번에 잡는 코드를 말합니다.

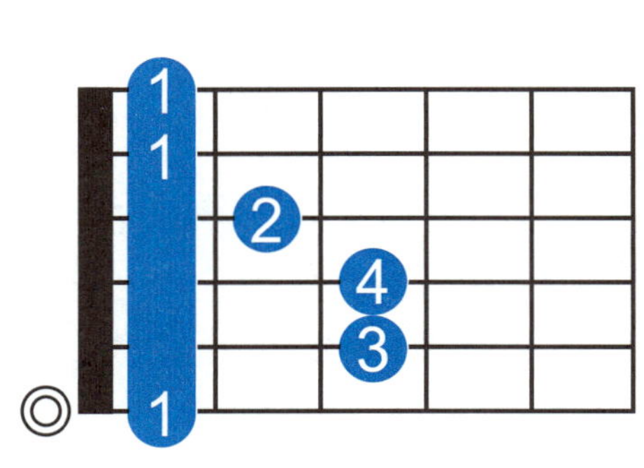
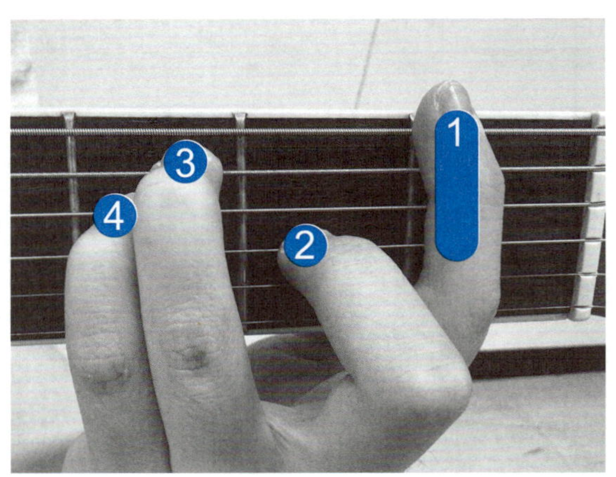

위 F코드를 한 번 짚어서 소리를 내보세요. 손의 악력이 강한 분은 자세가 좋지 않아도 소리가 잘 날 수 있습니다.

 자세가 익숙하지 않은 상태에서 억지로 힘을 주어 소리를 낸다면, 손에 무리가 올 수 있으니 주의하세요!

● 하이 코드(바레 코드) 잡는 법

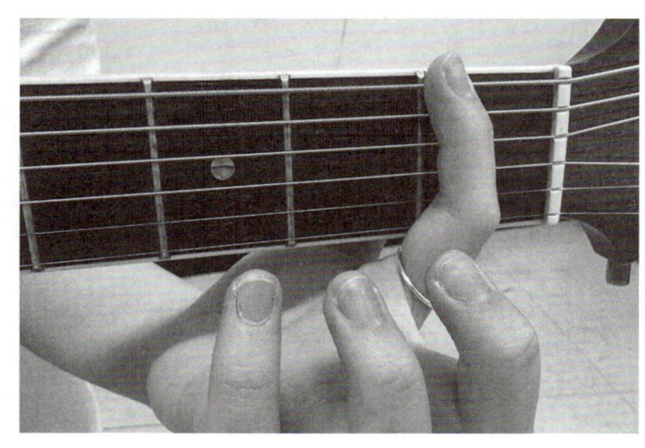

하이 코드는 집게손가락의 역할이 아주 중요합니다. 집게손가락이 줄을 잘 누르고 있는 상태에서 다른 손가락들이 나머지 음들을 짚어야 하기 때문에, 먼저 집게손가락으로 5프렛 여섯 줄을 모두 누르고 소리 내는 연습을 해봅니다.

TIP 집게손가락이 줄을 누르는 부분은 손가락의 옆면입니다. 살이 많은 부분으로 누르면 그만큼 더 많은 힘이 들어가기 때문에 손을 옆으로 살짝 돌려 위 사진처럼 손가락의 옆면으로 줄을 누르면 좀 더 쉽게 소리 낼 수 있습니다.

집게손가락만 짚고 쳤는데 소리가 나지 않는 것은 손가락의 힘이 부족한 경우가 대부분이기 때문에 손가락의 힘을 조금만 길러주면 소리는 쉽게 낼 수 있습니다.

손가락 힘을 기르는 방법에 대해 알아보겠습니다.

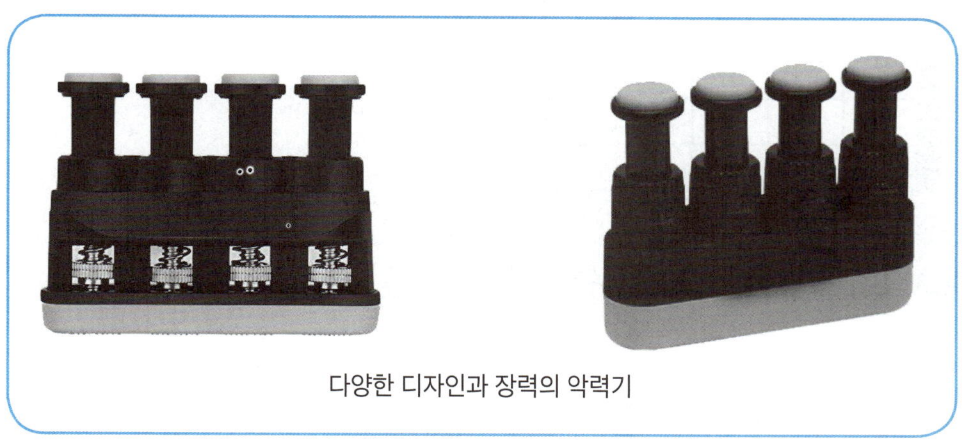

다양한 디자인과 장력의 악력기

악기 연주자들의 손가락 트레이닝 용도로 나온 악력기를 사용하면 도움이 되는데 가까운 악기점이나 대형마트 또는 인터넷에서 쉽게 구할 수 있습니다.

악력기로 손가락 힘을 키워주며 F코드를 잡는 손 모양으로 줄 위에 손가락 올려놓는 연습도 같이 합니다. 이때, 줄을 꽉 눌러서 소리를 내려 하지 말고 힘주는 연습은 악력기로 하고 기타로는 손 모양 연습만 하는 것이 좋습니다. 이 연습 방법이 장기간 지속되면 하이 코드를 잡는 손이 점점 편해질 것입니다.

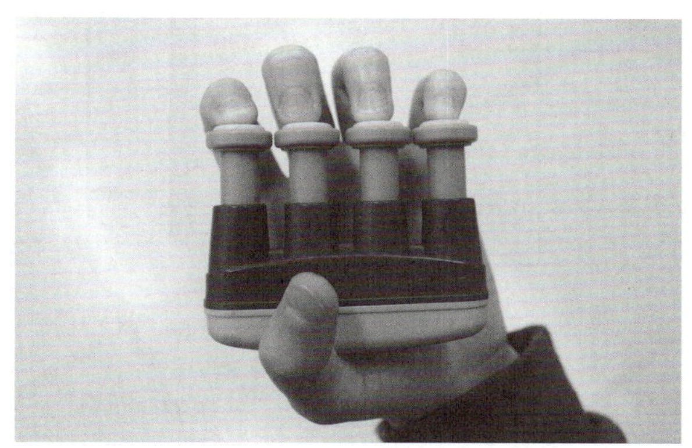

악력기를 사용하여 손가락 힘을 기를 때, 엄지를 제외한 나머지 손가락은 줄을 누르는 부분으로 연습해야 손가락 힘을 최대한 빨리 기를 수 있습니다.

● Dm코드의 운지

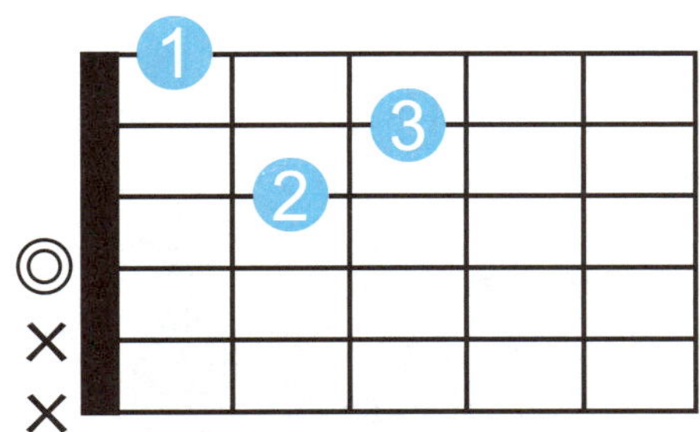

Dm코드는 Am코드가 아래로 내려오면서 3번 손가락이 옆으로 빠진 형태입니다.

Am코드에서 Dm코드로 바꾸기

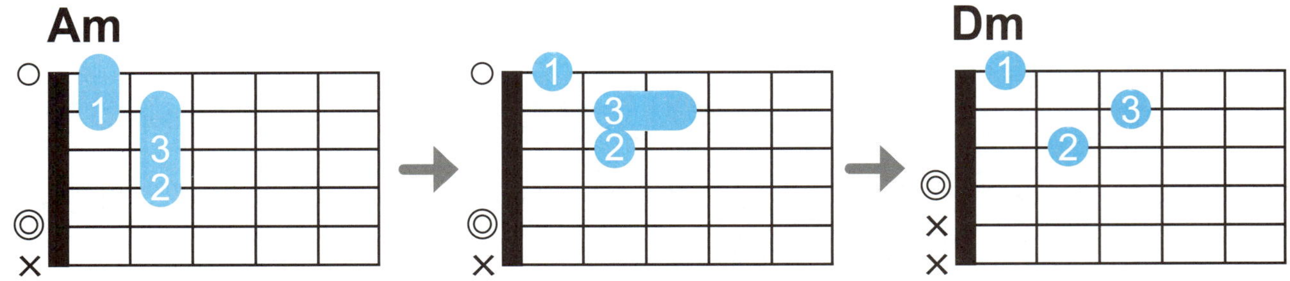

● G7코드와 Gsus4코드의 운지

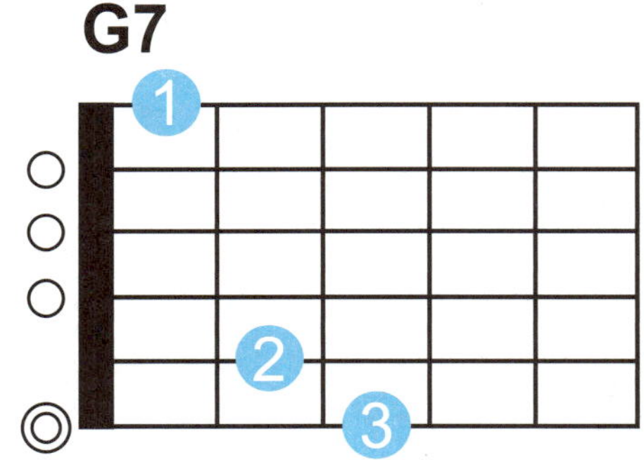

G코드에서 1번 줄의 음정만 바뀌면 됩니다.

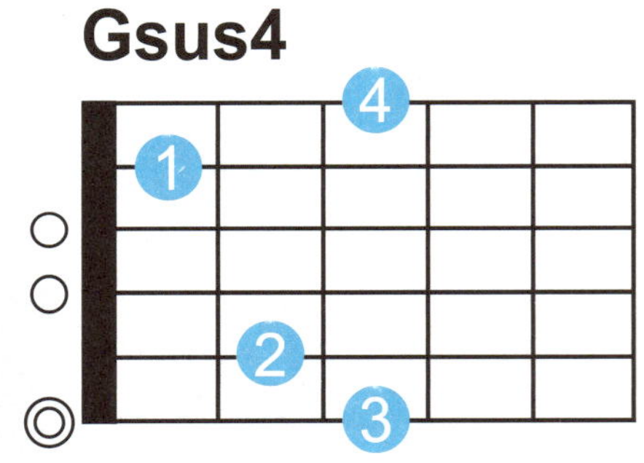

Gsus4는 G코드에서 한 줄만 더 눌러주면 됩니다.

G코드, G7코드, Gsus4코드 비교

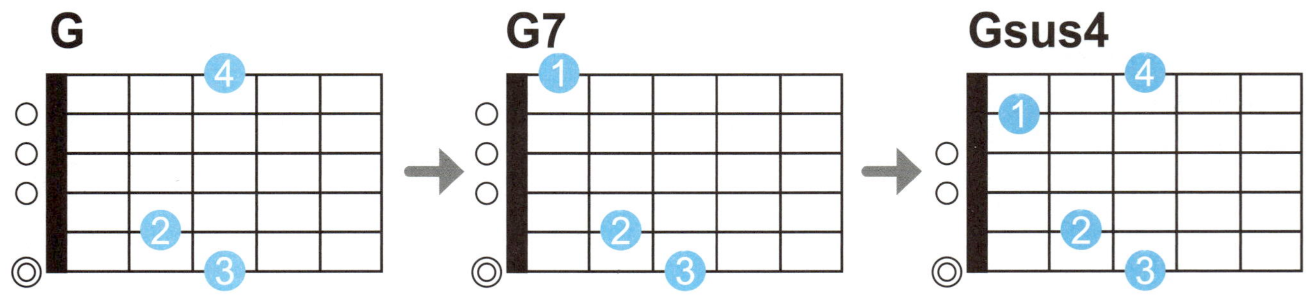

G코드는 1, 2, 3번 손가락을 사용했지만 G7코드와 Gsus4코드에서 G코드 음정을 누르는 손가락은 2, 3, 4번 손가락이 됩니다.

아빠와 크레파스

이혜민 작사 • 이혜민 작곡

나는 너 좋아

김순곤 작사 • 조용필 작곡 • 장범준 노래
칼립소

아 직 - 은 사 랑 - 을 몰라 - 몰라 -
그 래 - 도 우 리 - 는 좋아 - 좋아 - - - 알 수 없 는
너의고백이 내 가 슴 을 뛰게하지만 그 런 말 은 너무어려워 싫
어 싫 어
남 들 이나 에 - 게 말 하 - - 기 - 를
귀 여 운웃 음 을 - 이 좋 다 나 - 요

그 러나이 제 - 는   안 그 - - 래 - 요
나 만의비 밀 - 이   생 - 겼   어 - 요
하 지 만 나 는 너 좋 아   사 랑 일 지 도 몰 라
하 지 만 나 는 너 좋 아   사 랑 일 지 도 몰 라
라 라 - 라 라 - 라라 - 라 라
- - 라 라 라 -   그 런 말 은 - 이 - 제 싫
어   싫 어

스물다섯, 스물하나

김윤아 작사 · 김윤아 작곡 · 자우림 노래

한 꿈을 꾸었-지 우----그날의 - 노 - 래가 바람에실 - 려오네
우----- 너의 - 향 - 기가
- 우----영원할 - 줄 알았던 지 난날의너 - 와 나
- 우----영원할 - 줄 알았던 스
너의 목 - 소 리 - 도 너의 눈 - 동 자 - 도 애 틋 하던 - 너 의 - 체 온 마저
- 도 - 기 억 해 내면 - 할 수 - 록 멀 어 져 가는 - 데 흩어
지 는 널 붙잡 - 을 수 - 없 어
바람에 날 - 려 꽃 - 이 - 지는 - 계절엔 - 아직도 너 - 의 손 - 을
잡 은 듯 그 런 듯 - 해 그때는 아 - 직 네 - 가 아름 - 다운 걸 - - -
지금처 럼 - 사무 치게 알 지 못했 어 물 다섯스 - 물 하나 -

하이 코드 한방에 이해하기

● A, E로 시작하는 코드들로 알아보는 하이 코드 개념 이해하기

하이 코드에서 우리가 일자로 쭉 잡는 1번 손가락은 너트의 역할을 하는 것이며, 카포의 역할과도 비슷하다고 할 수 있을 것 같습니다.

● Am코드가 하이 코드로 변하는 과정

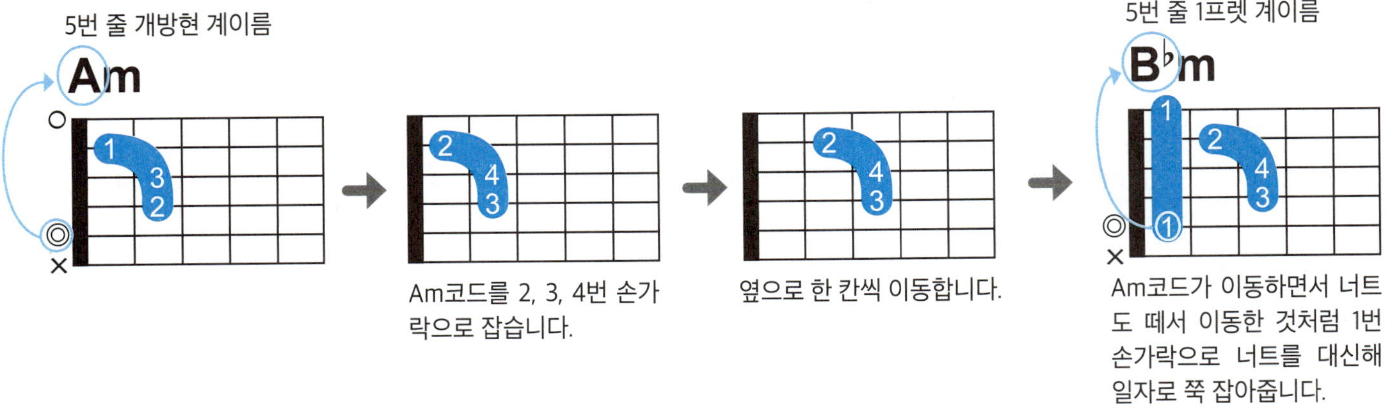

기타의 음정은 모두 반음 간격이기 때문에 위와 같이 Am코드를 그대로 옆으로 이동해도 모든 음정이 동일하게 이동하므로 마이너인 것은 변하지 않습니다.
그리고 너트 역할을 해줄 1번 손가락이 있어야 합니다.

이 두 가지만 알고 있어도 코드폼 그대로 이동하면서 여러 코드를 잡을 수 있습니다.

우리가 알아야 할 또 한 가지가 있습니다.
앞서 잡아봤던 A, Am, A7 등 A로 시작하는 개방현이 포함된 코드들은 5번 줄이 A음을 내고 있으며, 이 코드들은 5번 줄이 근음(root)입니다.

• A, Am, A7 코드들의 근음은 A입니다.
• E, Em, E7 코드들의 근음은 E입니다.

코드를 보면 근음을 바로 알 수 있습니다.

이제 6번 줄과 5번 줄에 인레이가 있는 3, 5, 7프렛의 계이름을 알고 있으면, 좀 더 빠르게 우리가 원하는 코드를 잡을 수 있게 됩니다.

많이 사용되는 메이저, 마이너, 마이너7th, 도미넌트7th 코드의 6번 줄, 5번 줄 근음 하이코드 폼은 아래처럼 정리 할 수 있습니다.

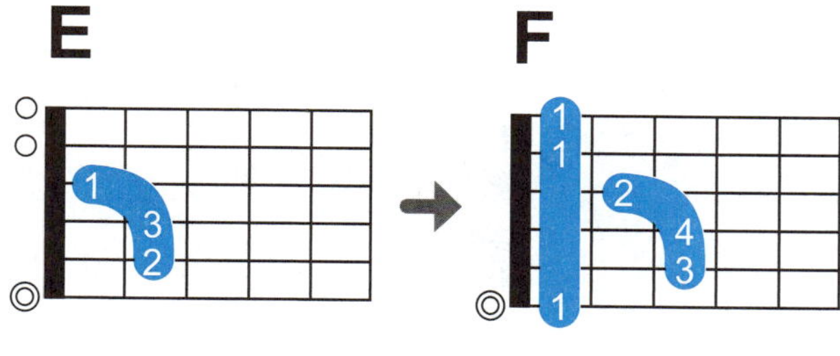

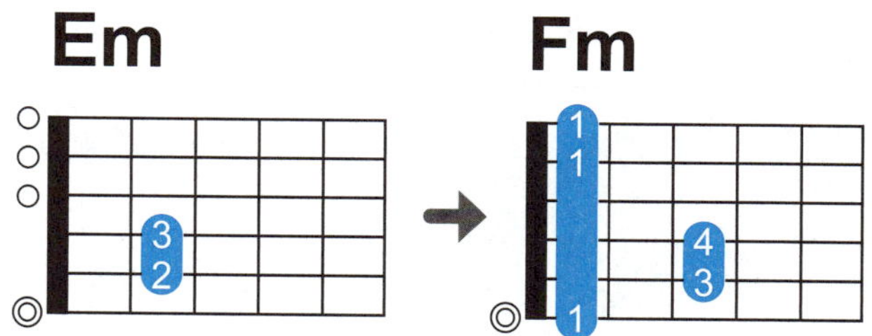

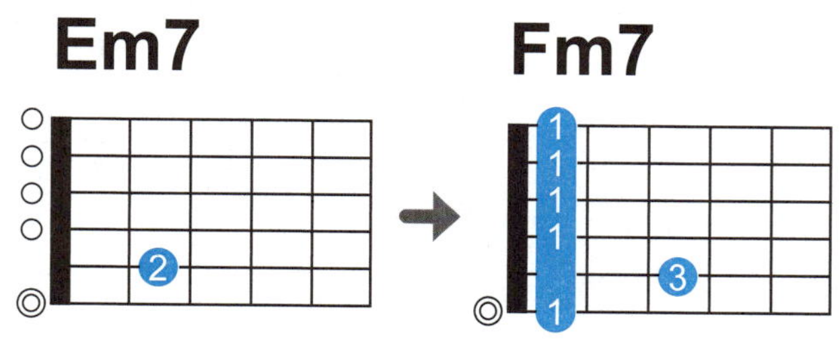

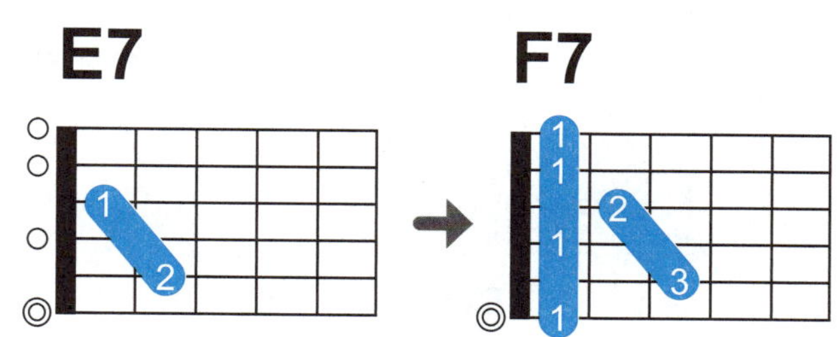

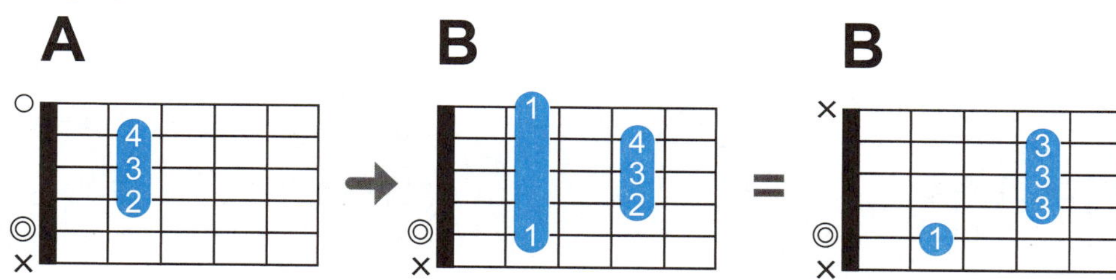

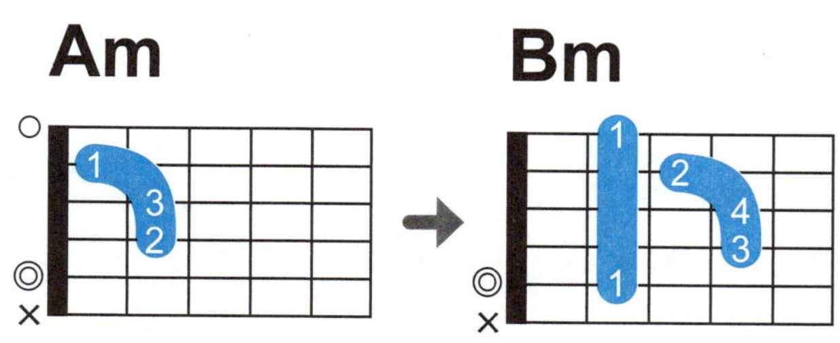

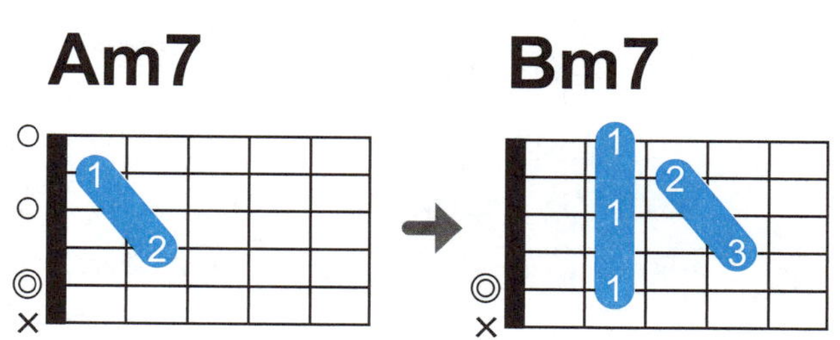

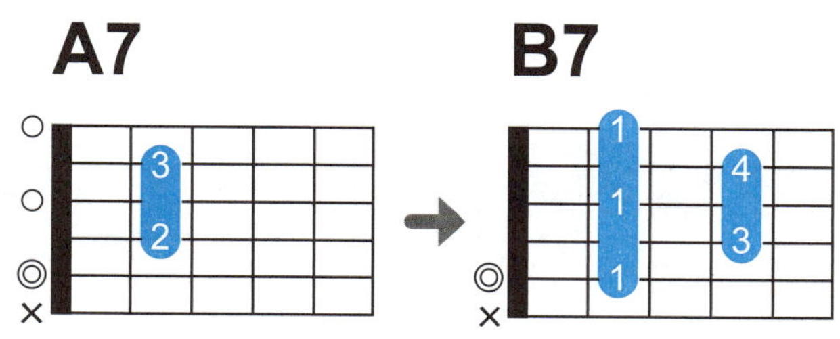

그라데이션 

권정열 작사 • 권정열, 고영배 작곡 • 10CM 노래

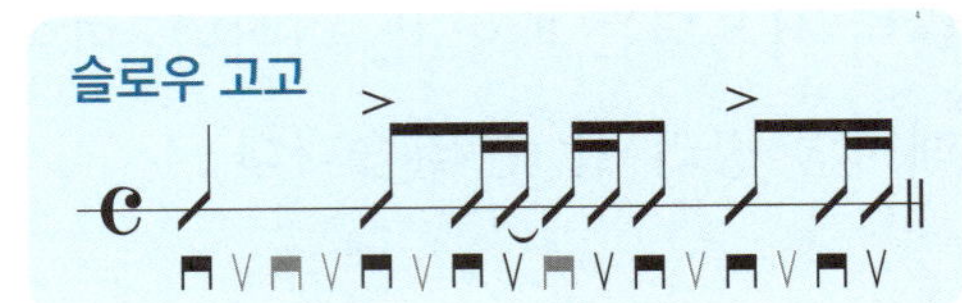

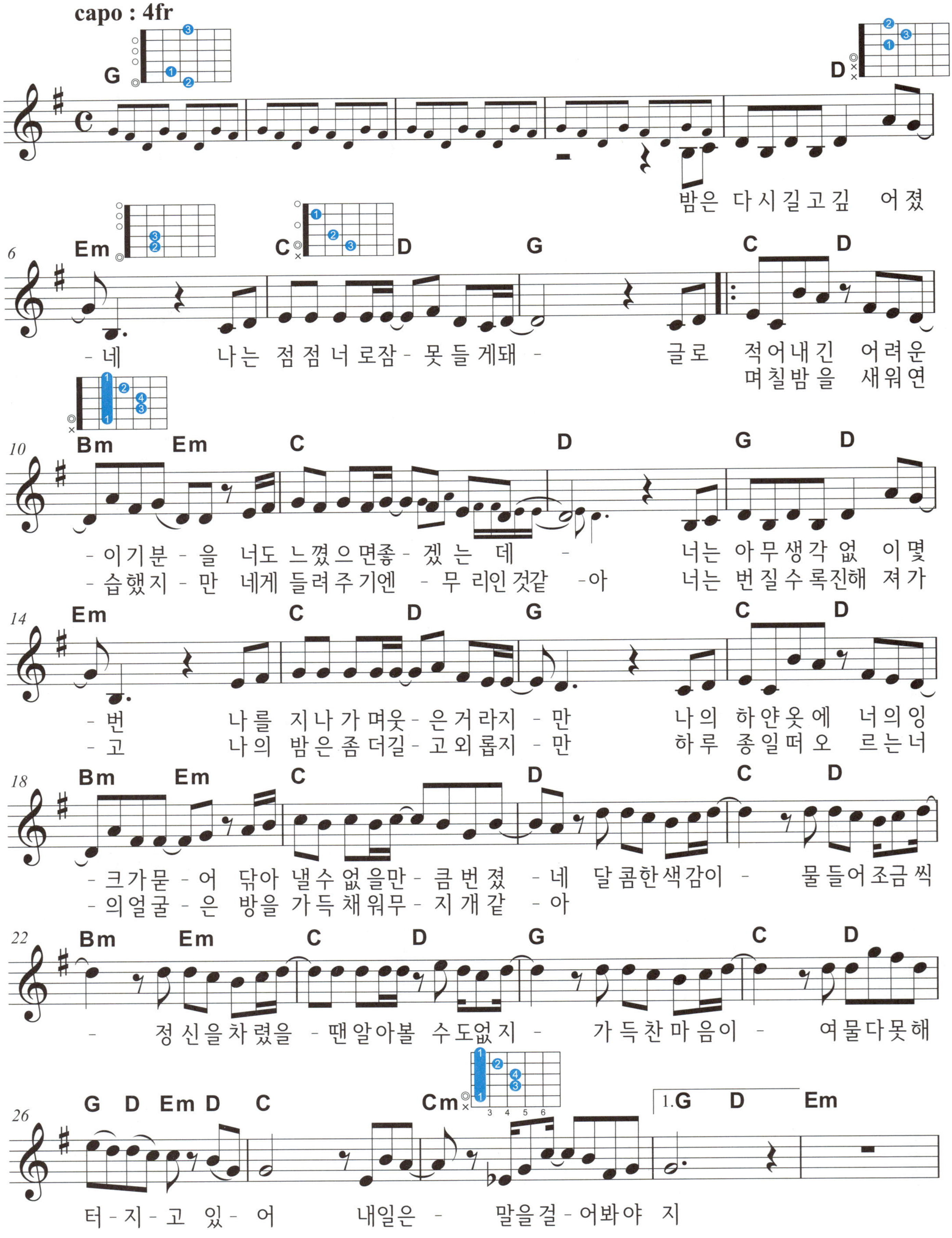

capo : 4fr

G D Em C D Bm

요즘 노랜뭔가맘에안들 -어   네게 불러주기엔- 좀어려워
-서   나름 지   바람을맞고 -   빗물에젖어 -   나의색감도
- 흐려지겠지 만 - -   -   너는 항상빛에반짝일테-
-니 까   멋진말들을 -   전하지못하고 -   아무도관심없 -는 그림이 되겠지만
-   달 콤 한 색 감은 -   감추지못해 터 -지 -고 있 -어   내일은
-   말을걸 -어봐야 지
그냥 이노래가어떨까 싶 -어   rit.

낭만 젊음 사랑

김정호 작사 • 김정호 작곡 • 이세계 노래

슬로우 고고

G♯m7

6번 줄을 근음으로 하는 m7코드는 하이 코드 모양에서 5번, 1번 줄을 뮤트하여 이와 같이 잡기도 합니다(P.67 참고).

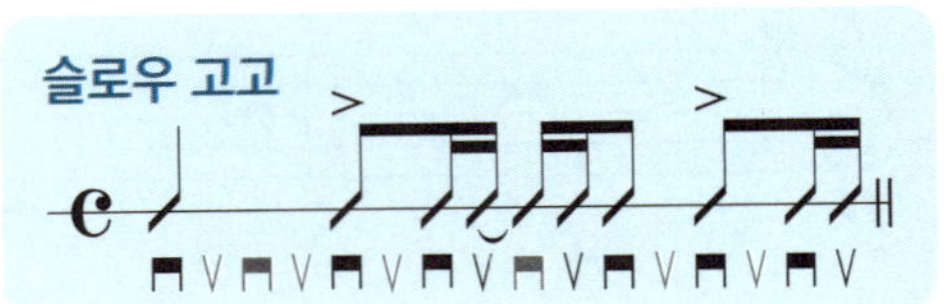

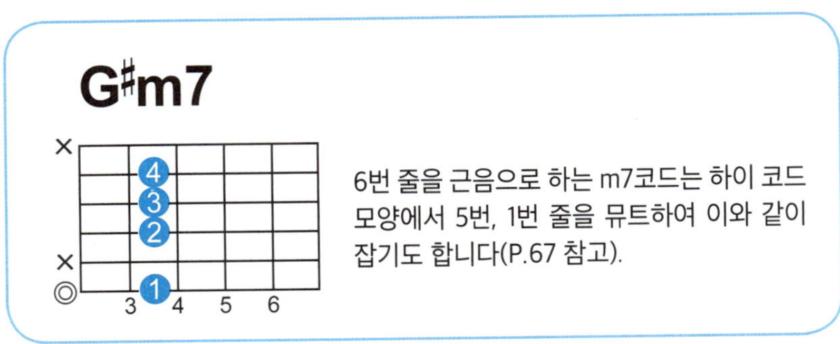

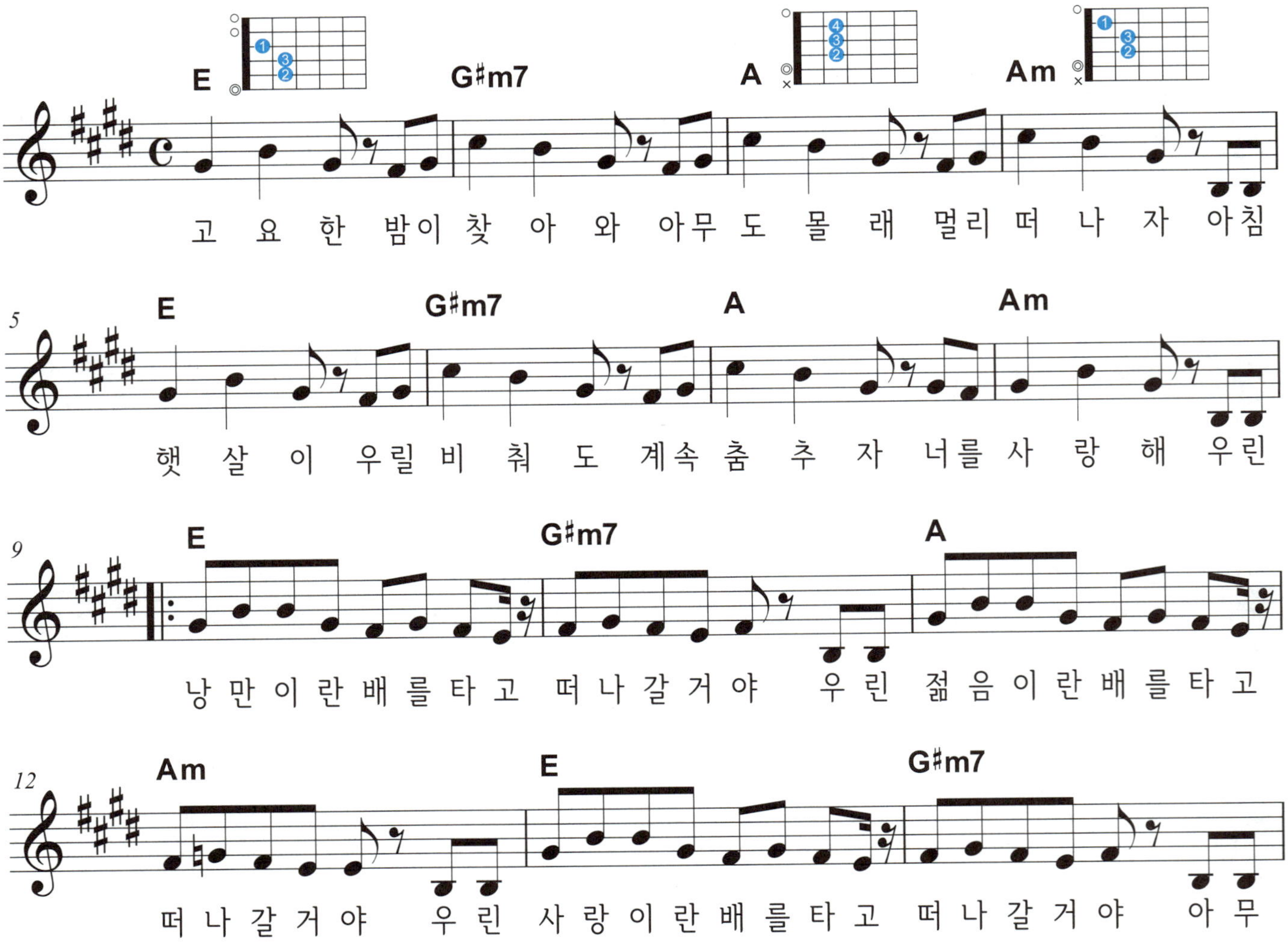

A
1. Am
E
것도 모르지만 우린 괜찮을 거야 길을 잃어도 우린
G#m7
A
Am
E
서로 꼭 붙잡고 있어 나를 안아 줘 따스한 아침 햇살
G#m7
A
Am
2. Am
과 우리 둘의 사랑은 영원할 거 야 - 우린 괜찮을 거야
C#m7
G#m7
A
We - don't know 어 디로 가 - 고 있는 지 어 - 디 있는
Am
C#m7
G#m7
지 - yeah - yeah yeah - We - don't care 어 디든 같 - 이 떠나
A
Am
E
G#m7
자 괜 - 찮을거 야 - - - 우린 낭만이란 배를타고 떠나갈거야 우린
A
Am
E
젊음이란배를타고 떠나갈거야 우린 사랑이란배를타고
G#m7
A
Am
떠나갈거야 아무 것도모르지만우린 괜찮을 거야

딱 10cm만

권정열, 서동현 작사 • TOIL, 서동현 작곡 • 10CM, BIG Naughty(서동현) 노래

F   C   Em
따라 이상하게예 -뻐 보이는게 -   싫은것도싫지않아야어른이되 -지   우리조금만 반발자국만

Am   Fm   G   F
한 발자국만 아니반 발자국만 -   멀어져볼 -까 -   1 2 3 4 5 6 7 8

G   Fm   C   Em
D.S. al Coda
9 -10 - -자   yeah   꽃을보았다   예뻤다   자 세히보려고   꺾었다

Am   Fm   C
- 참 좋아하던 향 -이 었 -는데   글쎄 - - -이제는한두 -번 누르는향수 -처 럼쉽 게피

E7   Am   F
-고 아쉽 게지 -는 자세히안봐 -도- 오래안봐 -도-   이거리 를 가득채우는꽃 -들 도있더라

C   Em   Am
삐 -삐 -삐 -삐 -삐 거덕거리는   비 -비 -비 -비 -빈 수레바퀴는   쉼 과의심 그 사이어딘가로더 -

F   C   Em
미 - -끄 - 러 져가 -는데일 찍 이이미 희 미 해져버린우리 의 길 위 의 민 헤져버린목

Am   F G   F   G
적 지에적 힌 음 표와같아서 - -   1 2 3 4 5 6 7 8 9   -10 -

토요일 밤에

용감한형제 작사 • 용감한형제 작곡
칼립소
Half down tuning (반음 낮게 조율합니다.)
Am
F
G
E
Am
F
G
E
우
우
우우우
아 - - -
Am
F
G
E
우
우
우우우
널잃은
Am
F
G
아 프 - 에 찢 어 진 가 슴 - 에 텅 빈 내 마 음 - 에 난 이제
E
Am
F
어 떻 게 살 아 널 잃 은 아 픔 - 에 찢 어 진 가 슴 - 에 텅 빈 내
G
E
Am
마 음 - 에 한 없 이 슬 퍼 지 는 오 늘 토 요 일 밤 에

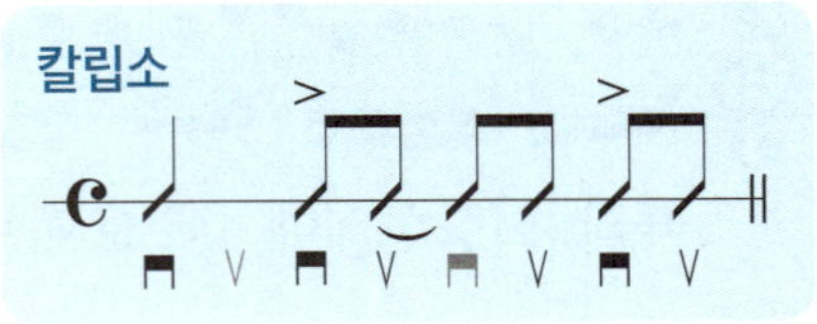

바 로 그 날 에 - 토 요 일 밤 에
- 떠 나 간 그 대 - 이 슬 픈 노 - 래 가 날
울 려 - 널 생 각 하 - 면서 난 불 러 - 웃 다 가 울 - 다 가 또
지 쳐 술 에 취 해 - 비 틀 거 리 는 이 밤
떠 나 가 는 그 대 를 기 억 해 난 - 이 무 너 지 는 내 맘 을
너 는 혹 시 알 까 멀 어 지 는 그 대 를 지 우 고 파 - 난
애 를 쓰 고 애 를 써 도 그 게 잘 안 돼 널 잃 은 -
D.S. al Coda

너의 의미

김한영 작사 • 김창완 작곡 • 아이유 노래

 칼립소, 슬로우 고고 정복하기 part 1. 리듬 나누기

한 마디 안에 코드가 여러 개 나와도 당황하지 마세요.

● 한 마디에 코드가 1개인 경우

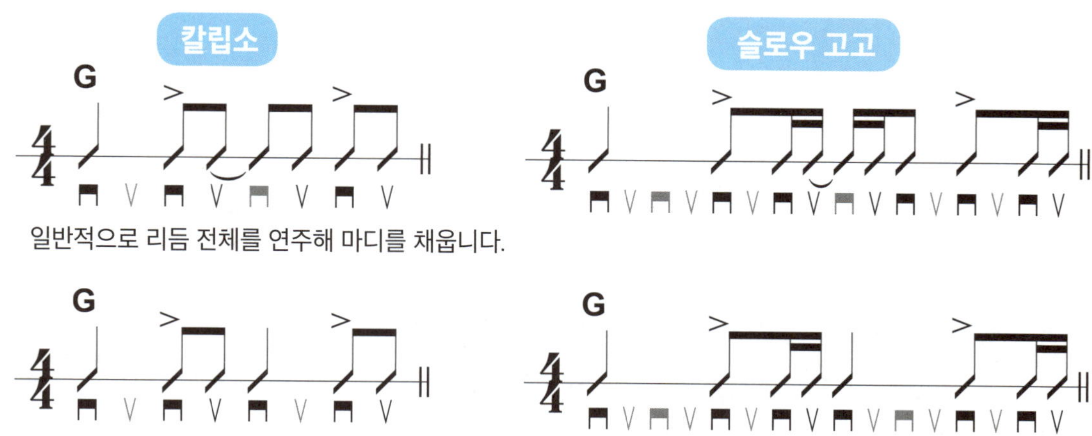

일반적으로 리듬 전체를 연주해 마디를 채웁니다.

간혹 리듬을 반으로 나누어 앞부분만 두 번 반복해 연주하기도 합니다.

● 한 마디에 코드가 2개인 경우

리듬을 반으로 나누어 앞부분만 두 번 연주합니다.

리듬을 능숙하게 연주할 수 있다면, 리듬 전체를 연주하는 도중에 3번째 박자에 맞춰 코드를 바꿔줍니다.

이 두 가지 방법은 곡에서 많이 사용되는 경우이며, 두 가지 모두 충분히 연습해야 더욱 리드미컬한 연주를 할 수 있습니다.

● 한 마디에 코드가 3개인 경우

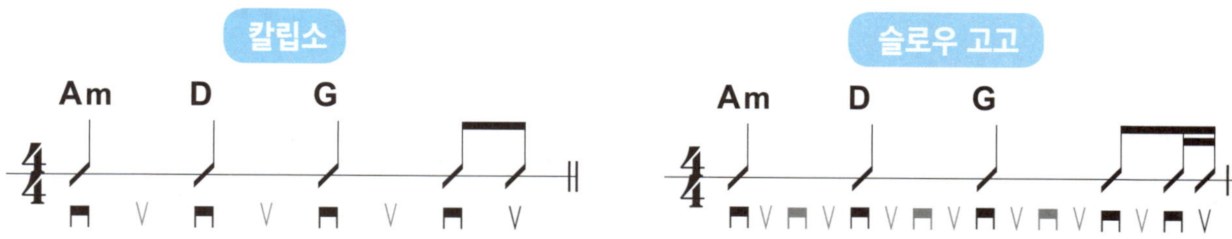

코드가 2박자인 경우에만 리듬을 반으로 나누어 앞부분을 연주합니다.

너를 생각해

MR.BLACK 작사 • 주식, 안성현 작곡 • 주시크 노래

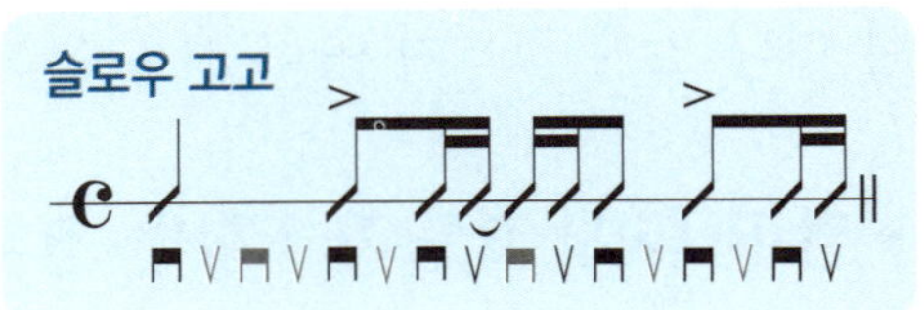

capo : 3fr

Em   A   Am   D   G   B7
어 딘 가혼 - - 자 진 지한 - 표 정 - -   고 개 를끄 - 덕거
C   G   Em   A   Am   D
- 리고 - 나선 - 항 상   흥얼거 리며 -   따 라 불렀어 나를 - 보
G   Bm   C   G   Em   A
며   신 나 있 던 너 에게 -   불러주고 싶 던 노래를 -   왜 이 제 야겨 - - 우
주   가 곤 했 던 카 페에 -   이노래가 나 올 때 까지 -   네 친 구 가따 - - 라
Am   D   G   B7   C   G
완 성했 - 을 - 까   이노랜 -   널 사 랑 한 다 는 - 내얘 - 기 가 -   잔 -
부 를때 - 까 - 지   이노랜 -   유 명 해 지게 계 - 속불 - 러 서   나 -
Em   A   Am   D   G   2. Am   D   G
뜩   들어갔 어야 -   하 는 노 랜데 -   너를   네 가 - 자
는   너에게 로꼭 -   닿 고 말 거야 -   너를   D.S. al Coda
Am   D   G   Bm   C   G
너를   사 랑할 - 땐몰 - 랐 던 - 바 보 라미 - 안 해 -   아 -
Em   A   Am   D   G   B7
마 이 - 걸 듣 - 고 너는   원 망하 - 겠 - 지 -   이 젠 내 가많 - 이 잘 - 할 게 - - 너
C   G   Em   A   Am   G
혼 자울 - 지 마 -   혹 - 시 듣 - 게 되 - - 면 아직   너 뿐이 - 라 - 고 -

내 마음이 그대가 되어

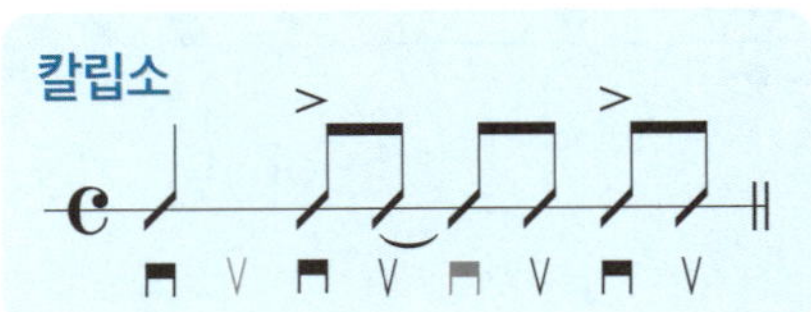

장범준, 박경구 작사 • 장범준, 황용하, 안상영, 박경구 작곡 • 장범준 노래

사랑이 중요 하 - 다며 다른건필요없다 - 며 -
쓸어내린 머리 칼 - 과 - 몰랐던처음이되 - 어 -
내 가 - 만 약 - 사 랑 - 한다고 하 면 -
내 가 - 만 약 - 그 대 로 - - 그 대 로 - -
D.S. al Coda
어차피그런거라 - 고 - hmm - - - - -
hmm - - - - -
hmm - - - - -
rit.

사건의 지평선

윤하 작사 • 윤하, JEWNO 작곡 • 윤하 노래

23
G
A
D
울음이- 날것- 도같- 았어 소중한건언제나두 -려움이-니 까
26
Cm
G
Cm
문 을열- 면들-리 던목 소리-
너 로인- 해변- 해 있던
29
G
Am
G
Cm
F
따 뜻한-공기- -
여 전 히 자-신없지 -만안녕- 히
32
G
B7
Em
Dm
G
저기 사라진별의 자리
아스라이 하 얀빛 한동안은꺼 내볼수있 -을거야
36
C
G
A
아낌없 이반짝인 시간은
조금씩 옅어져가 더라도 너 와내-맘에 살 아숨
39
D
G
B7
Em
쉴테니 -
여긴 서로의끝 이 아닌 새로운길 모퉁이 익숙함에진
43
Dm
G
C
G
심을속이 -지말자 하나둘 추억이떠 오르면 많이많 이그리워 할거야
46
A
D
G
고 마웠-어요 그래도 이제는- 사 건 의지-평선 -너머로 -

틈

진정연, 류원광, 손연성 작사 • 류원광, 손연성 작곡 • 숙희 노래

없 나요-이-젠- 사랑할 수 록- 지쳐 가는-날 붙잡아 줘요-
그 대만- 이나-를 살게 하 니까-
사 랑은- 항상- 나만
의 몫이- 었죠- 내가 그 대를- 더 많이-사 랑 해서- 아 프
다 너무 버틸수 없어 - - - - 눈 물 로하-룰 보 내
-죠 - - 누구나 하 니까- 왜나만 아 픈건-가 요- - 그
대란사람 너 무나-빠 -요- - - 어차 피
아 픈- 그런 사랑-을 해야한 다면- 그 대뒤- 에서
-나 - 사랑할 -래요

노래방에서

장범준 작사 • 장범준 작곡 • 장범준 노래

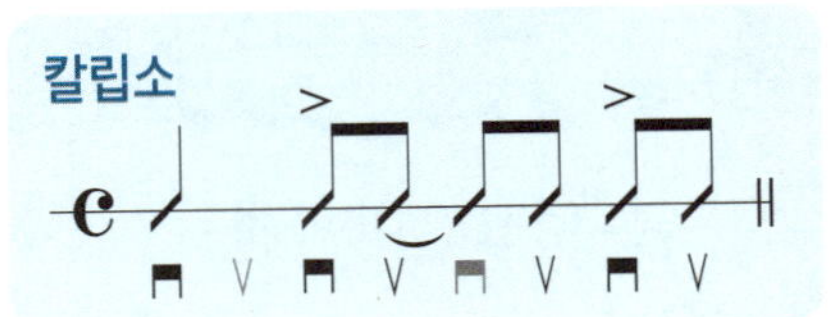

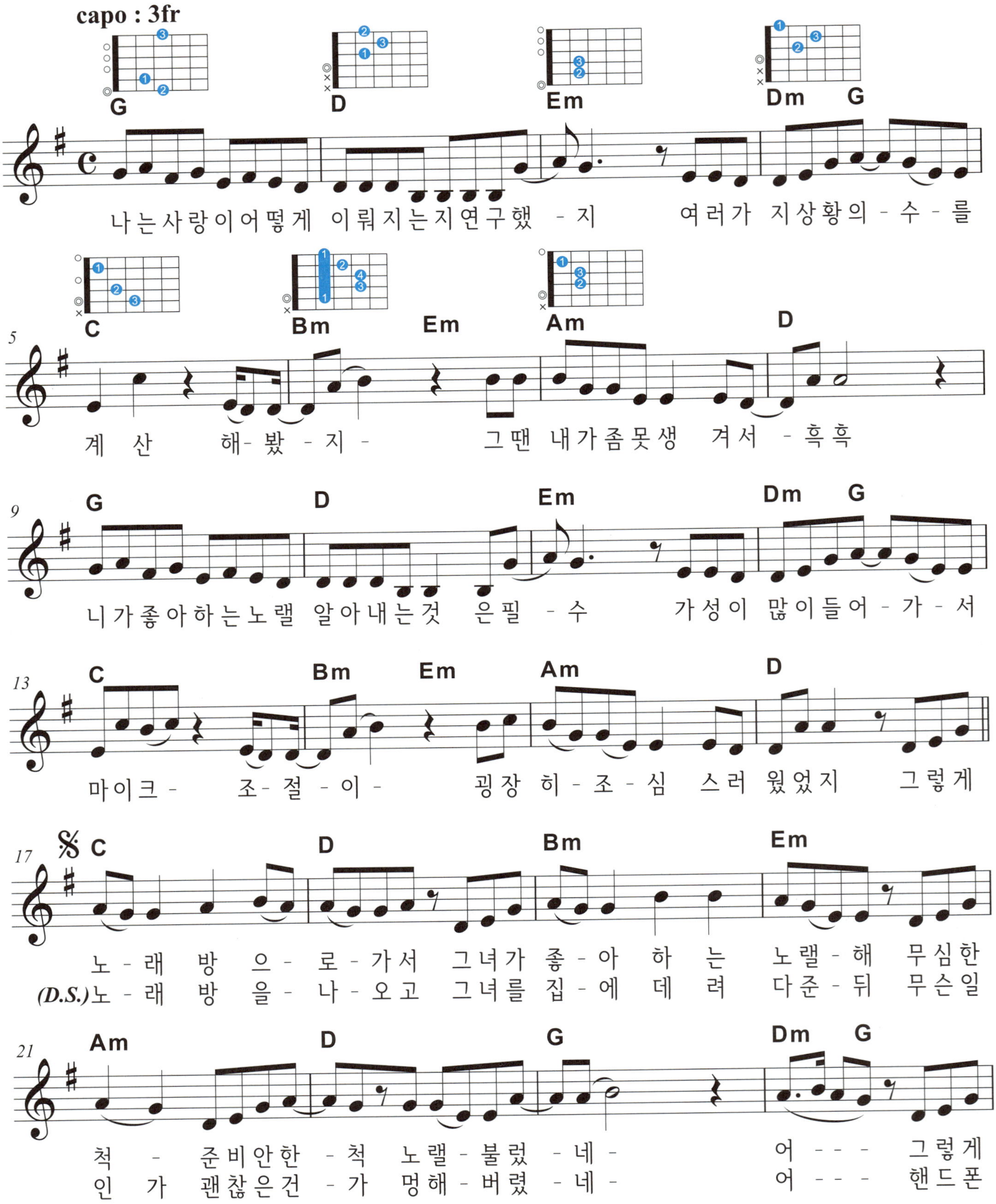

칼립소

capo : 3fr
G D Em Dm G
나는사랑이어떻게 이뤄지는지연구했 - 지 여러가 지상황의 - 수 - 를
C Bm Em Am D
계 산 해- 봤 - 지 - 그땐 내가좀못생 겨서 - 흑흑
G D Em Dm G
니가좋아하는노랠 알아내는것 은필 - 수 가성이 많이들어 - 가 - 서
C Bm Em Am D
마이크 - 조- 절 - 이 - 굉장 히 - 조 - 심 스러 웠었지 그렇게
C D Bm Em
노 - 래 방 으 - 로 - 가서 그녀가 좋 - 아 하 는 노랠 - 해 무심한
(D.S.)노 - 래 방 을 - 나 - 오고 그녀를 집 - 에 데 려 다준 - 뒤 무슨일
Am D G Dm G
척 - 준비안한 - 척 노랠 - 불렀 - 네 - 어 - - - 그렇게
인 가 괜찮은건 - 가 멍해 - 버렸 - 네 - 어 - - - 핸드폰

25
C   D   Bm   Em
내 - 가 노 랜 - 부 - 른뒤 그녀의 반 - 응 을 상 상하 - 고 좀더잘
도 - 없 는 늦 - 은 - 새벽 집에서 계 - 속 잠 은 안 - 오고 그녀가
29
Am   D   G   Dm   G
불러볼걸 - 노 랜흥얼거 - - - - 렸 - 네 -
좋 아하던 - 노 랜흥얼거 - - - - 렸 - 네 -
33
C   G   Am   D   G   D
사 랑때문에노랜연 습하는건자 연의 이
37
Em   Dm   G   C   Bm   Em
- 치 날 으는 새들도모 - 두 사 랑노래 - 부 - 르 - 는게 - 뭔가
41
Am   D   G   D
가능성만열 어 - 준 - 다 면 근 데그년남자친구 가있었지그것은내
45
Em   Dm   G   C   Bm   Em
실수 그후로혼자노래 - 방에서 복잡한 - 맘을 달랬네 - 몇달
49
Am   D   C   D
을 - 혼자노래방에 갔 는 지 그렇게노 - 래 방이취미 가되 고 그녀가
53
Bm   Em   Am   D
좋 - 아 하 는 노랜 - 해 괜찮은척 - 안슬픈척 - - 노랜 - 불렀

-네- 어--- 그렇게 내-가 노 랠- 부-른뒤 우연히
집-에 가려 하는-데 갑자기 그녀-가- 노 래방에가자---하
-네- 그렇게 나 는 그녀-를 따라걸어보지만
괜찮은척 사 실난너 -무많이떨려-요 - 그녀아 -무렇지않아도나-
-는 아무렇 지-않-지 않-아 요 근 데 그 녀-는
나를바라보고는 자기도지금아무렇 -지않지않 대-요 -- 무슨말
-이냐고물어보네 --- 그렇게 그녀가
좋아하던 - 노 랠흥얼거---렸 -네- -
D.S. al Coda

● 팜 뮤트

팜 뮤트는 손바닥(palm)으로 소리나지 않게 막는 주법입니다.

오른손의 손날 부분을 줄 위에 닿게 올려놓은 채로 피크로 줄을 치는 주법을 말하며, 브릿지에서 줄이 시작되는 부분에 손날을 올려놓고 치면 되는데 이때, 소리는 '퉁~'하는 둔탁한 소리를 내게 됩니다.('퉁!'이 아닌, '퉁~'으로 음의 잔향이 있어야 합니다.)

만약 음이 너무 짧게 툭 끊기는 느낌이라면 오른손 손날을 브릿지쪽으로 좀 더 이동해서 치면 도움이 됩니다.

팜 뮤트를 연주할 때 손의 위치

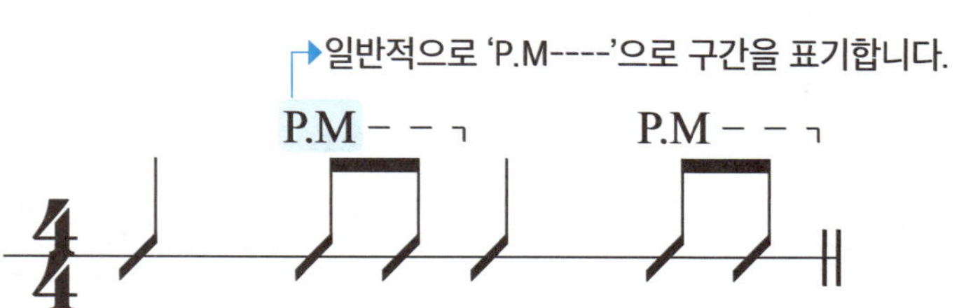

● 셔플(Shuffle) 주법

셔플은 '칼립소'나 '슬로우 고고'처럼 리듬의 종류가 아닌, 리듬 패턴에 적용해 사용할 수 있는 연주 테크닉이라고 할 수 있습니다.

셔플(Shuffle)은 영어사전에 보면 '발을 (질질) 끌며 걷다'라고 되어 있습니다.

우리가 지금까지 연주한 리듬들은 박자에 맞추어 일정한 간격으로 연주된 것이고, 셔플은 우리가 길을 걷다가 한쪽 발이 아플 때 어떻게 걷는지를 생각해 보고 그것을 연주에 적용하면 좀 더 쉽게 연주할 수 있습니다.

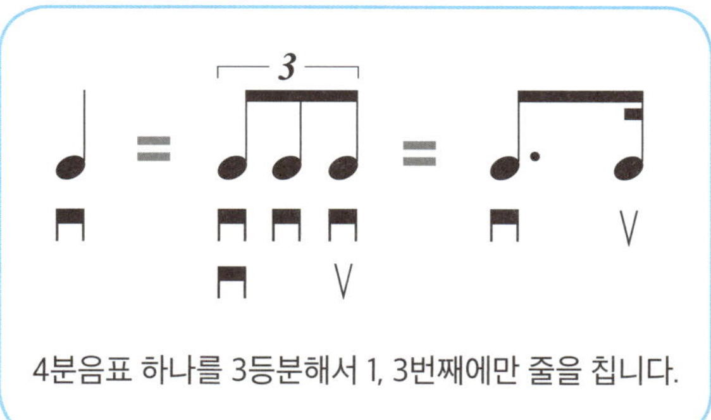

4분음표 하나를 3등분해서 1, 3번째에만 줄을 칩니다.

리듬표 상단에 위와 같이 별도의 표기가 있는 경우에는 칼립소를 셔플로 연주합니다.

애상

이승호 작사 • 윤일상 작곡 • 쿨 노래

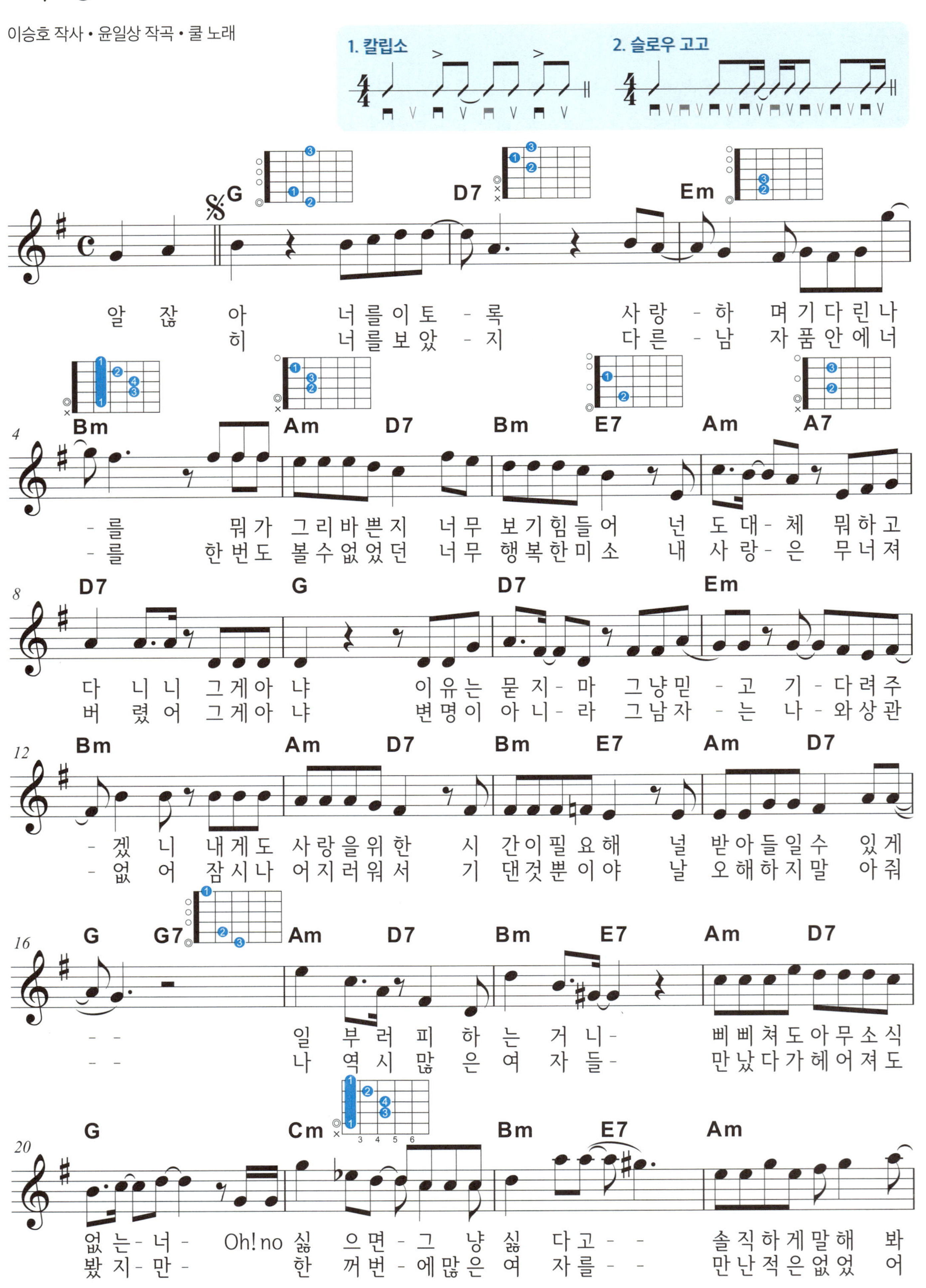

D7 G D7 Em
말리지 마 내이런 사랑-을 너만보 -면 미 -칠것같
니가뭔 데 날아프 게하-니 너때문 -에 상 -처돼버

Bm Am D7 Bm E7 Am
-은 이-맘을누 -가알겠어 웨딩 드레스입은 니 곁에다른사람 이
-린 내-사랑이 -제다시는 너의 어떤만남도 나 같은사랑없을 걸

D7 G D7 Em
- 난두려 워 나보다 더멋-진 그런남 -자 니 -가만날
- 난두려 워 나역시 다시-는 이런사 -랑 할 -수없을

Bm Am D7 Bm E7 Am D7
-까 봐 아니야 그렇지않아 정말 너하나뿐야 속 는셈치고한번믿어
-까 봐 믿을수 없겠지만은 니가 첫사랑인데 떠 나버리면어떡하라

G D7 G D7
봐 내눈 에 는 너무예쁜그 녀를 자랑 스 레 친구에게보여줬 지 그

Em 3 Bm C
친 구내 -게미안하 다며 그녀 얘 길 싸그리다했 지 그녈 만 난많 -은 남자중에 내

G Am 3 D7 D.S. al Coda
친 구만 -도 여러명이야 말도 안 돼 믿을수없 어 혹시 쌍 둥이
(우 연)

G D7 G Am D7 Bm E7
구 사 랑 까 지 는 바 라 지 도 않 을 게 니

Am D7 G D7 G G D7 G G D7 G
곁 에 항 상 있 게 만 해 줘 제 발 제 발

너에게 난, 나에게 넌

송봉주 작사 • 송봉주 작곡 • 자전거 탄 풍경 노래

영원 의-약 속-이 되-어 -
영원 토-록 빛-나 고 싶 어
너에게난 - 해질 녁 노을- 처럼 -
한편의아 - 름다 - -운 추억 이- 되고 - 소중했던 - 우리
푸 르던- 날을- 기억-하 며 - 우 후 회없-이 그림 처- 럼 남 아주-기 를
1. 너에게난 - 해질 녁 노을- 처럼 - 한편의아 - 름다 - -운
2. 추억 이- 되고 - 소중했던 - 우리 푸 르던- 날을- 기억-하 며
우 후 회없-이 그림 처- 럼 남 아주-기 를 -

부동의 첫사랑 코드 미리보기

● **새로 나오는 코드 : CM7, Am7(9), Am7, Dm7, Dm7(11), A7sus4**

앞에서 배운 코드와 비교해서 쉽게 잡을 수 있는 방법을 알아보겠습니다.

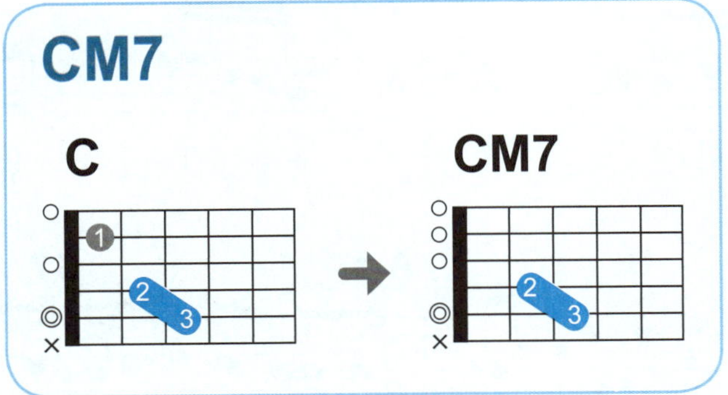

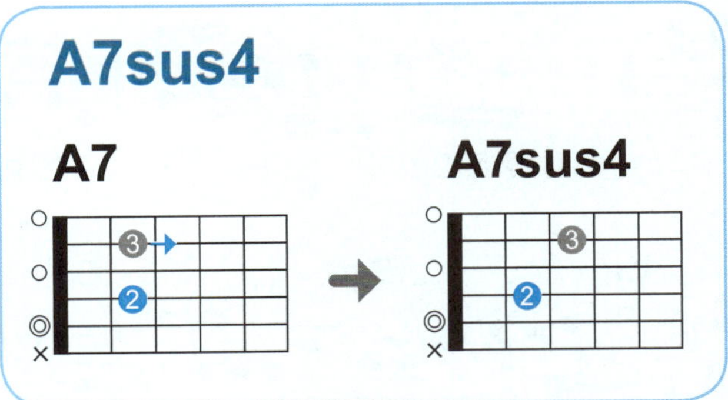

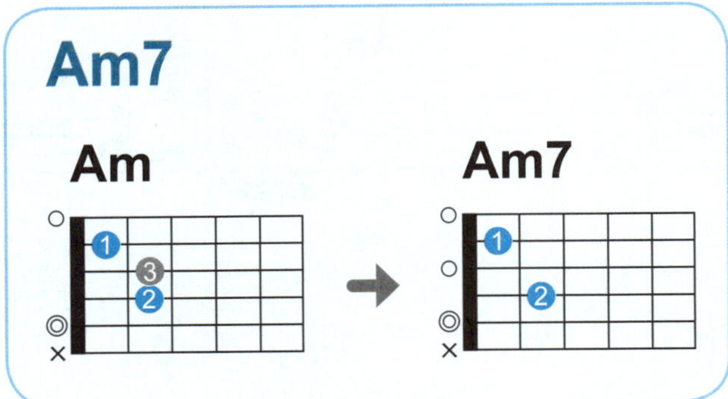

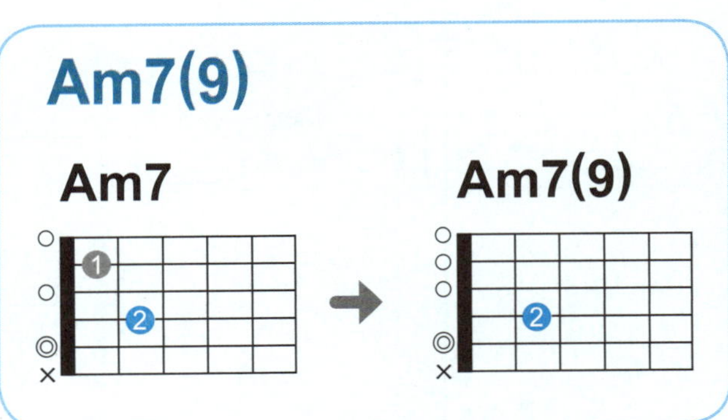

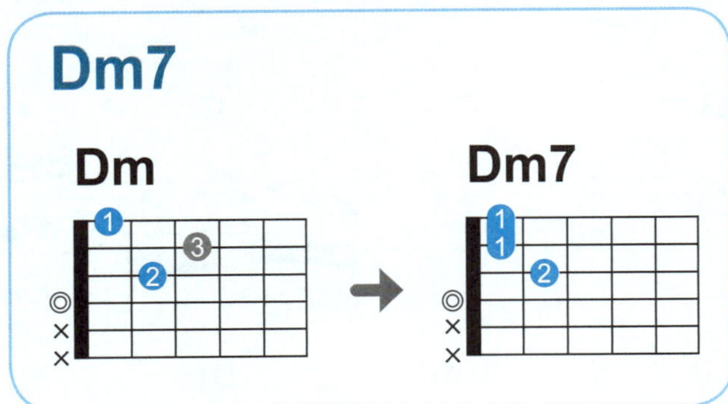

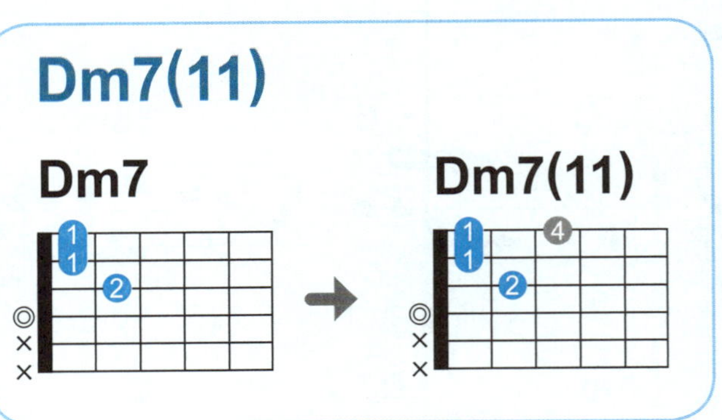

부동의 첫사랑

권정열 작사 · 권정열 작곡 · 10CM 노래

Em   A7   A7sus4 C   F
만을 위 - 한 등 장 - 이었는 - 지   단 한 번 - 의 명
구를 위 - 한 연 출 - 이었는 - 지   웃기 라 - 도 해
Dm7   F   G   C
장면 이 빠르게 지 나 가고있었 - 지 -   소 리 쳐 이름을
준다 면 이상한 애 가 돼도좋은 - 데 -   소 리 쳐 이름을
Am7   F   Gsus4 G   Em
- 불 러 - 볼 까   한 시간쯤은기 - 억 해 - 줄 까   뒤 를 돌 아 봐 주
- 불 러 - 볼 까   삼 십분쯤은기 - 억 해 - 줄 까
Am7   D7   F   G   C
- 었지만 - 너의 미 소는 -   내 게와 주지않았지   다 음 편 이 기 대
Am7   F   Gsus4 G   Em
- 되 지 - 않 는   예상가능한엔 - 딩 만 남 은 -   로 맨 스 도
A7   Dm7   Gsus4 G   1. G
- 뭣 도 - 아 닌 -   나 의부 - 동 의첫 - 사 랑 -
C   Am7   F   Fm
Em   Am7   Dm7   Gsus4

G
2.F
B♭7(9)
Am7
좋아 하는 -
굳이응 원 -해 준-사람도
D7
Dm7
F
-없었지 만 -
G
C
Am7
F
너를향한노래 -가 생-겼어
이젠웃으며부
Gsus4
G
Em
Am7
-를 수-있 어
그저흐릿한조 -명처럼- 너의
D7
F
G
C
Am7
미 소를- 빛 내줄수만있다면
예고편이공개 -되 지-않고
F
Gsus4
G
Em
A7
뻔한엔딩도맺 -지못했-지 만 -
나의마 음 -속 언 -제 나
Dm7
Gsus4
G
-
항상빛 -나고있 -는 부 -동의첫 -사랑
F
Fm
rit.

 # 칼립소, 슬로우 고고 정복하기 part 2. 컷팅

컷팅 주법으로 더욱 신나고 리드미컬한 연주를 해보세요.

컷팅 주법은 리듬 연주 중에 오른손을 사용하여 소리를 끊어주는 주법으로, 이 주법을 사용하면 '착' 소리가 납니다.

팜 뮤트 주법과 비슷하게 진행되는 주법이며, 다운 스트로크에만 사용할 수 있습니다.

동작을 나누어 보면, 오른손이 위에서 줄을 향해 내려올 때

> 1. 오른손 손날 부분을 줄에 먼저 댄다.
> 2. 손날 부분을 줄에 비비듯이 손목을 돌리며 다운 스트로크 한다.

이렇게 2가지로 나눌 수 있으며, 2번을 진행할 때는 줄에 닿아있는 손날 부분이 떨어지지 않도록 유의합니다.

컷팅 주법은 강한 소리를 내기 때문에 리듬의 2번째, 4번째 박에 주로 사용하며, 간혹 곡의 시작을 알리는 카운트를 컷팅 주법으로 하기도 합니다.

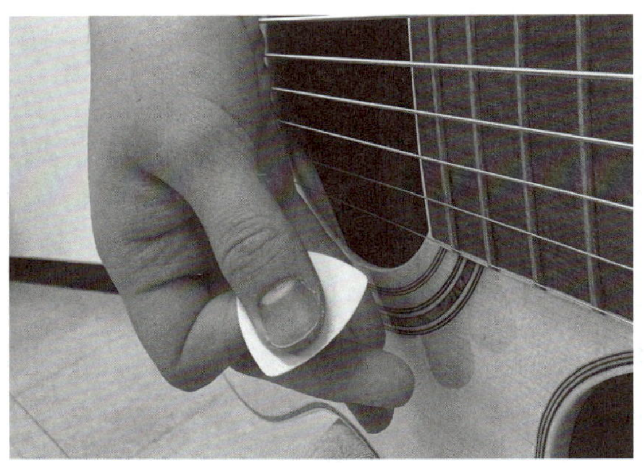

체형과 손의 크기에 따라 사진과 자세가 다를 수 있습니다.

● 컷팅 주법이 포함된 4Beat

컷팅 주법은 음표의 머리를 X로 표기하며, 아래와 같습니다.

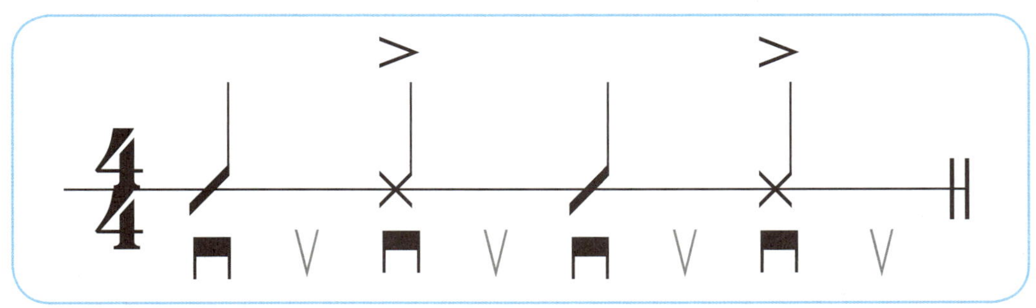

● 많이 사용하는 리듬에 적용하기

8비트 고고 리듬에 컷팅 주법을 넣어 연습해 보세요.

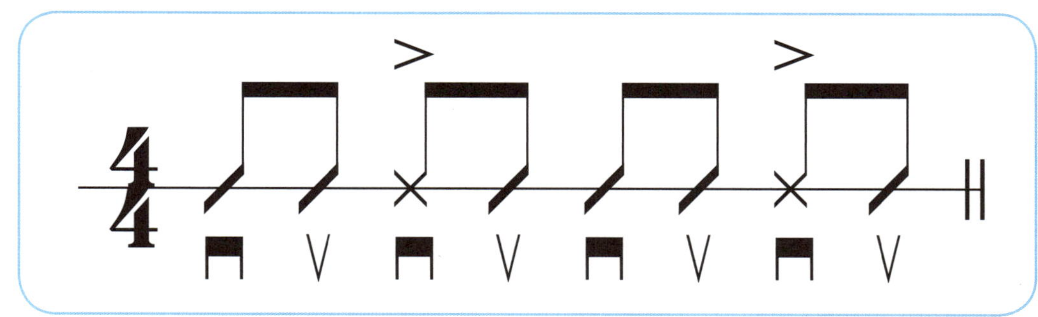

칼립소 리듬에 컷팅 주법을 넣어 연습해 보세요.

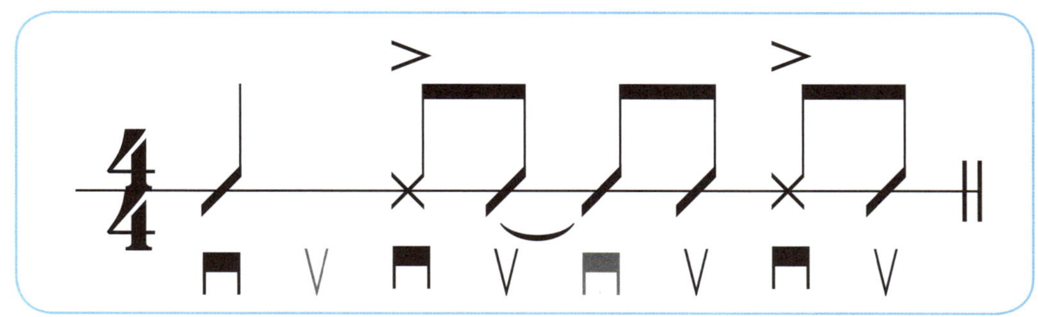

슬로우 고고 리듬에 컷팅 주법을 넣어 연습해 보세요.

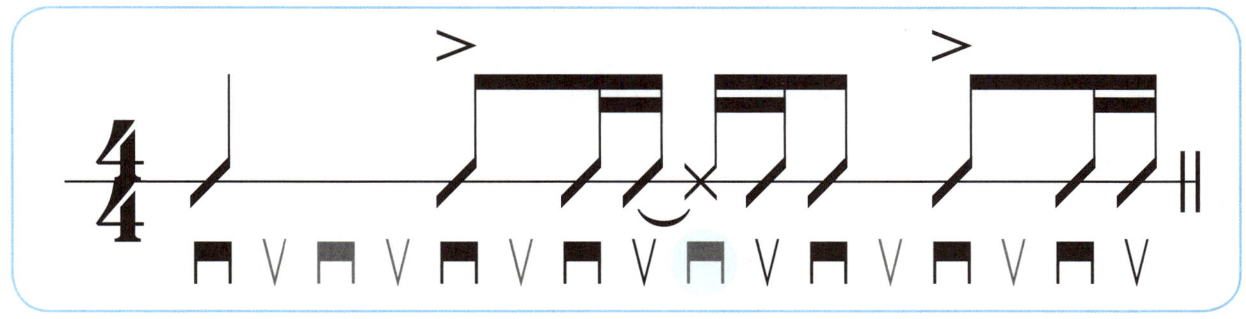

슬로우 고고에서 컷팅 주법은 원래 헛스윙 자리인 3번째 박자에 들어갑니다.

연습은 언제나 아주 느린 속도로 시작하세요.

I Love You

이찬혁 작사 • 이찬혁 작곡 • AKMU(악뮤) 노래

29 Am F Fm F
도 - - 너에게만 잘보 이려고 막 그래 난 그 - 래 I love
33 C E7
you - - 사랑해 요 - - 널 보는 날 이 - 면 둘만 만나 는 날이 아닌 데
37 Am F Fm F
도 - - - - - - - 막 설레고 그런 다니깐 - 요 I love
41 C E7
you - I love you - - - woah ooh woah - oh - you -
45 Am F Fm
- - I love you - - I love you - - oh ooh woah - I love
49 C E7
you - - 사랑해 요 - - 널 보는 날 이 - 면 둘만 만나 는 날이 아닌 데
53 Am F Fm
도 - - - - - - - 막 설레고 그런 다니깐 - 요 -
57 Fm C 3
I love - - - you - - - - - - -

리무진 (feat.MINO & GRAY)

BE'O, GRAY, MINO 작사 • BE'O, GRAY 작곡 • BE'O(비오) 노래

리듬①

23 G   D   C
멀었어이게내신호탄 - 새벽에전화는하지마 - Al- ways hide freak-in' in

26 G   C   G
- side - oh - 그 땐갚 아먹던자존감이식 - 사 - oh - Re- set

29 C   G   D
- 그 때 나 의 실패를 - 바란 사 람 들 아Nev - er change though I'm in a lim

32 D   Em   C
- ou- sine - 까 만 리 무 진 보 며꿈을키웠 지 언 제 가 는

35 G   D   Em   C
나 도 저 걸 갖 게 될 거 야 커 다 란 리 무 진 에 서 내 가 내 리 지 변 한 것 은

39 G   D   Em
내 가 아 닌 삶 의 무 게 -They don't-know No - no - - no -

42 C   G   D   Em
- oh oh - - No - no - - no - - oh oh - - No - no - - no -

46 C   G   D
- oh oh- oh - I don't change my mind If I'm in - a lim-ou- sine

오르트구름

박우현, 김수빈, 이희주 작사 • 손준호, HOFF, KZ 작곡 • 윤하 노래

껍질을깨 - 뜨려버리 자
넓은세상 - 이날감싸안 아
두려움은이제거둬
때로는느릿해도
오로지나를믿어
가끔은지친대도

지금이바로 time to fly -
멈추지않고 let me fly -
두눈앞 - 의끝
두눈앞 - 의
사뿐

넘어가 한계밖 - 의 trip
짜릿하잖아 -
녹이슨심 - 장 - 에쉼없 - 이

피는꿈무모하대도 - 믿어난 -
누구도본적없는

낯선우주속 에
겁없이뛰어들어 fall fall fall fall
답답한가슴안에

불꽃을피워낼래 - - - - - - - shine and bright 곧 - Woah -

Woah -
Woah -

누가뭐래도 - 믿어난 -

신호등 코드 미리보기

● 새로 나오는 코드, 하이 코드 활용

앞에서 배운 코드와 비교해서 쉽게 잡을 수 있는 방법을 알아보겠습니다.

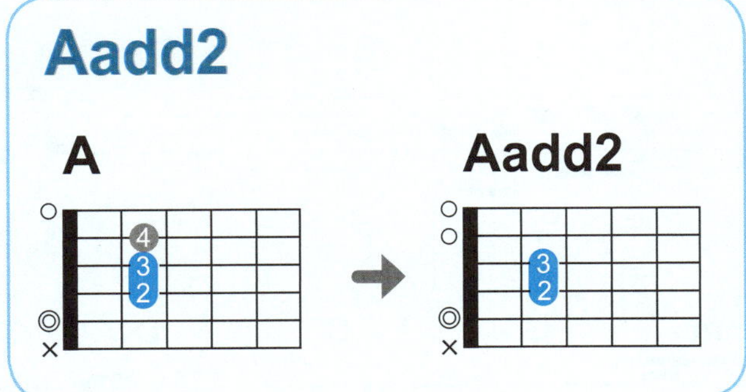

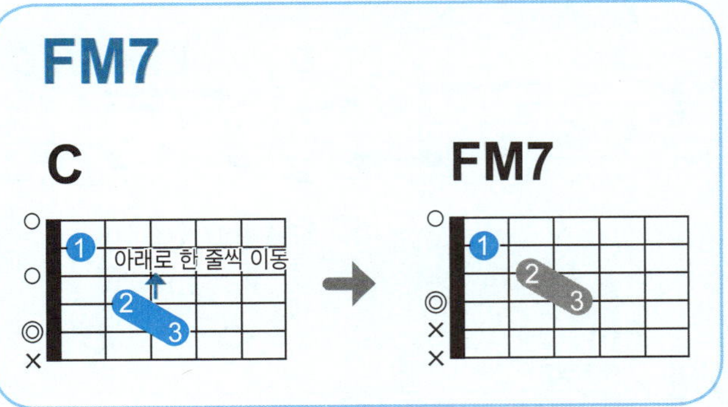

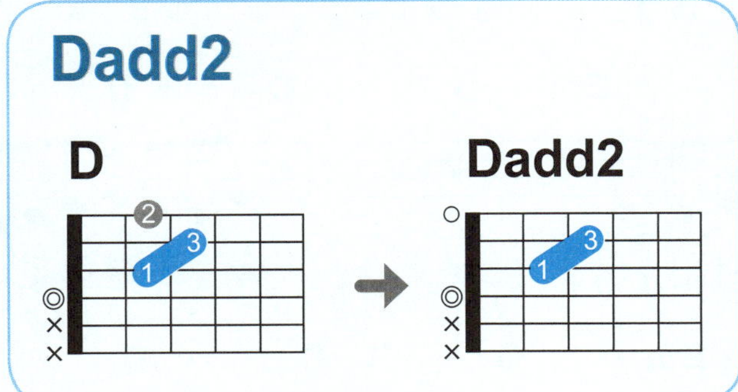

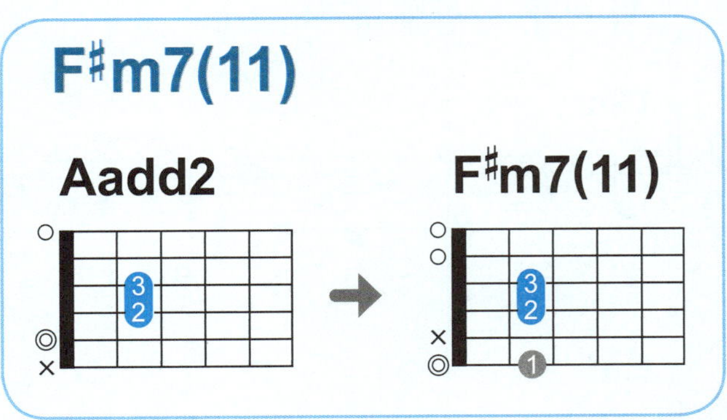

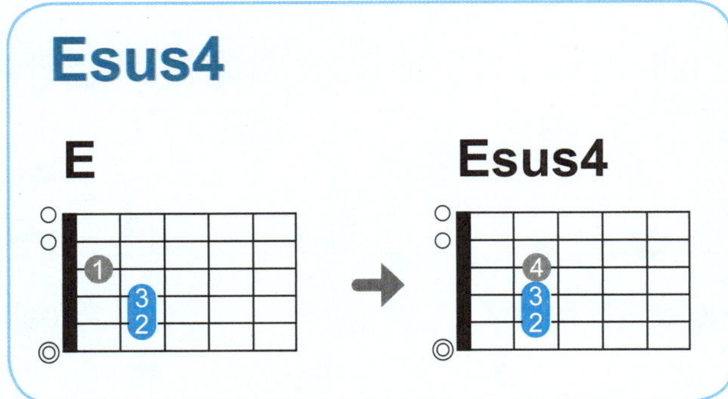

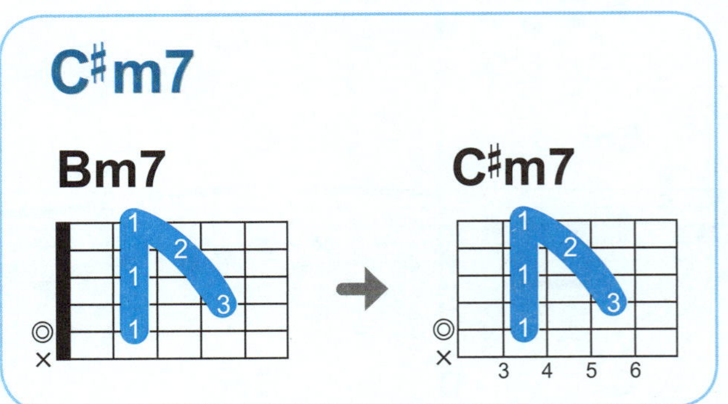

C#m7코드는 Bm7코드를 그대로 이동한 모양으로, 4프렛에 검지로 너트 역할을 해준 후 Am7 모양을 잡으면 됩니다.

신호등

이무진 작사 · 이무진 작곡 · 이무진 노래

Dadd2
E
Aadd2
가 려 한 날재 촉 하네-걷 기 도힘-든 데 - 새파랗 게겁에
F#m7(11)
Dadd2
E
질 려 도망 간-
친 구가 - 뇌에맴 도네 -
리듬❶
C#m7
F#m7(11)
Bm7
건 반처럼생긴 도 로위 -
수많은 동 그 라미 들
Esus4
E
C#m7
F#m7(11)
-
모 두가 - 멈 췄다굴 렀다 말 은잘-들 어 - - -
Bm7
E
FM7
G
C
G
그건나 도 문 제가-아냐 -
붉은 색 푸른색- 그사 이
Am
Em
F
C
Dm
G
3 초그짧은시간 -
노 란 색 빛 을내-는 저기 저 신호등 이- 내 머
C
G
Am
Em
F
C
릿 속을텅 - 비워버 려 내가빠른지도- 느린 지 -도모-르겠-어 그저 눈앞
Dm
G
Am
Em
-이 샛 노랄-뿐 야
꼬 - 질꼬질

43 FM7
한 사 람 이 나 - 부 - 자 곁 엔 아 무 도 없 는 -
46 Em Dm G
삼 - 색 조 명 과 이 색 칠 위 에 - 서 있 어 괴 롭 히 지 마 - 붉 은 -
49 C G Am Em F C
색 푸 른 색 - 그 사 이 3 초 그 짧 은 시 간 노 란 색 빛 을 내 는 저 기
52 Dm G Am G F C
저 신 호 등 이 - 내 머 릿 속 을 텅 - 비 워 버 려 내 가 빠 른 지 도 - 느 린 지
55 Dm C F G C G
- 도 모 - 르 겠 - 어 그 저 눈 앞 - 이 샛 노 랄 - 뿐 야 - - - -
58 Am Em F C Dm G
- Dum da ra stu - du du du ru bye
61 C G Am Em F C
- Du ru why - dru why - Stu bi ru bi ru bi ru rum dai -
64 Dm G C
Stu bi ru bi ru bi ru rum dai -

문어의 꿈 리듬 미리보기

'문어의 꿈'에서는 음을 짧게 끊어주는 스타카토 주법이 많이 사용되며, 기타의 여섯 줄을 6, 5, 4 번 줄과 3, 2, 1번 줄로 3줄씩 나누어 치는 주법을 사용하고 있습니다.

● 리듬❶ 연습

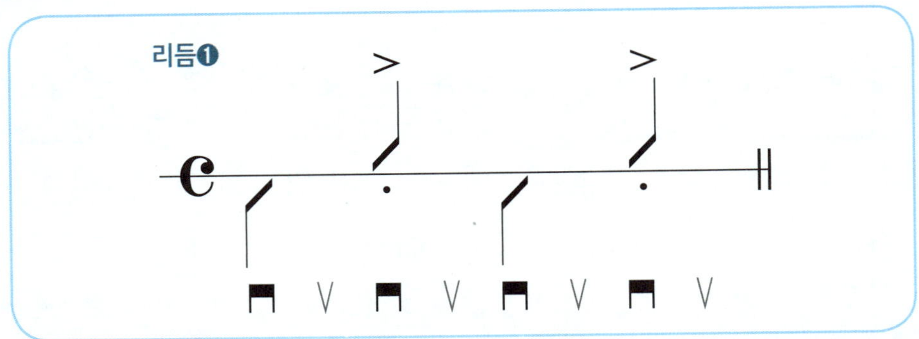

리듬표에 음표가 아래와 위로 나누어져 있는 경우 아래에 있는 음표는 기타의 6, 5, 4번 줄을, 위에 있는 음표는 3, 2, 1번 줄을 연주하면 됩니다.

또한 음표 머리를 기준으로 위 또는 아래에 점이 있는데, 이것이 스타카토 주법 표기입니다. 스타카토는 해당 음을 절반 정도의 길이로 짧게 연주하라는 뜻이며, 리듬표에서 스타카토를 표현 할 때에는 코드를 잡은 왼손에 힘을 빼서 소리를 끊어주거나 오른손 손날 부분을 줄 위에 올려 소리를 끊어줍니다.

충분한 연습이 필요한 주법이니 느린 속도로 연습해서 익혀보세요.

● 리듬❸ 연습

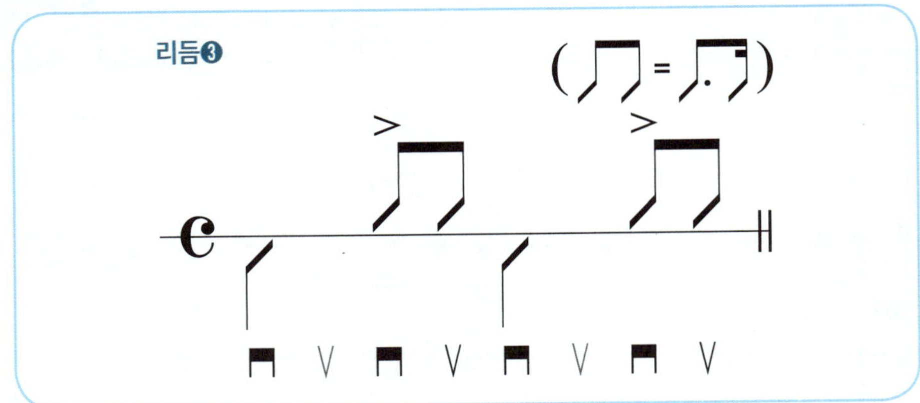

위아래 줄을 구분하여 연주하면서 다운 & 업 스트로크가 이루어져야 하는 주법으로, 오른손의 스윙폭을 줄여 정확도를 높여보세요.

문어의 꿈

안예은 작사 • 안예은 작곡 • 안예은 노래

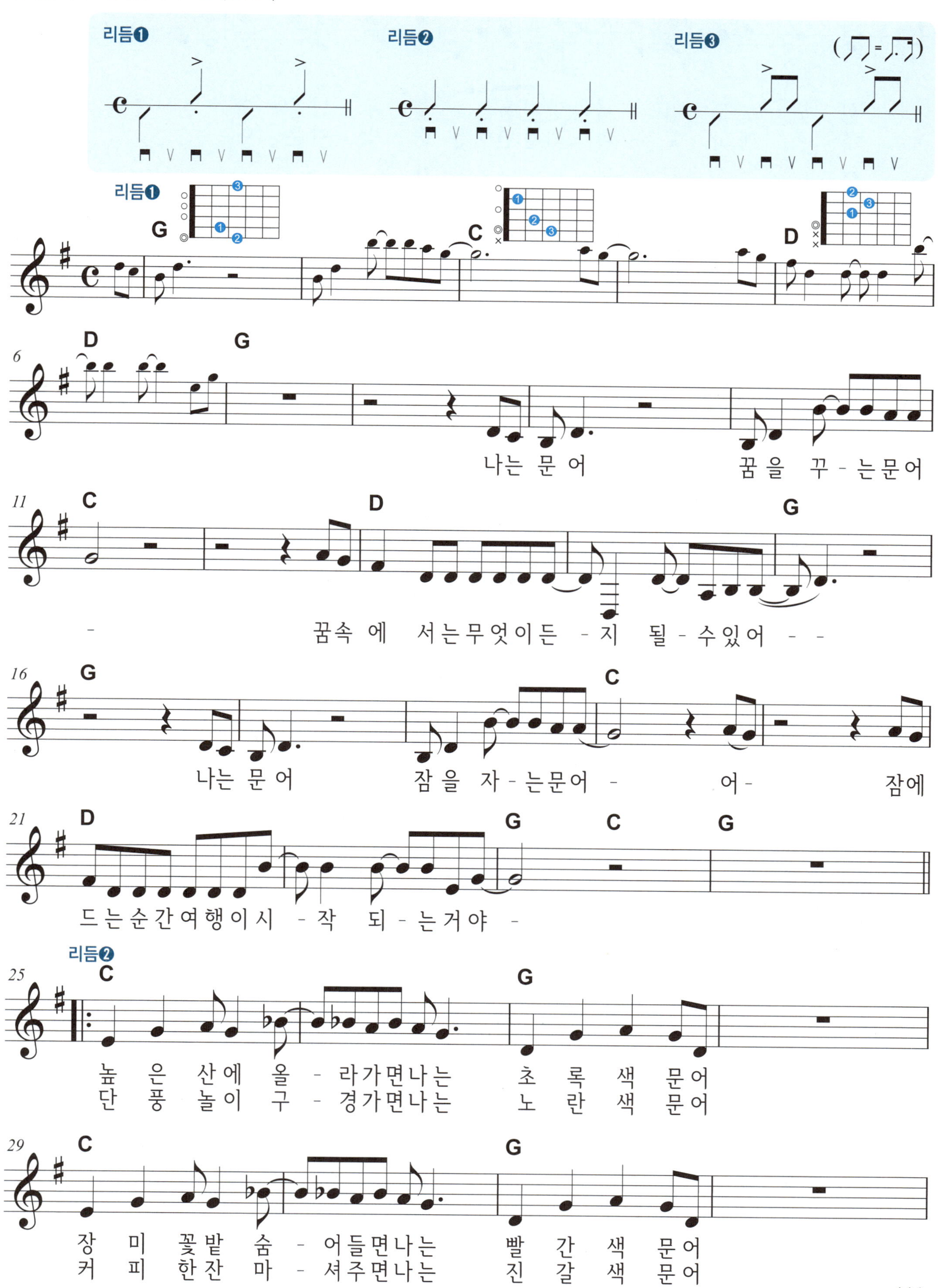

33 C G E
횡 단 보 도 건 - 너가면나는 줄 무 늬문 어 - - 밤하늘
주 근 깨의 꼬 - 마 와놀면나는점 박 이문 어 - -
37 C D
- 을 날아가 - 면 나 는 오 색 찬란한문 - 어 가되는거
리듬❸
41 G B7
야 아아아아 - 아 야 아아아아 - 아 깊은바
45 C Cm
- 닷속은너무외로 - 워 춥고어 - 둡고차 - 갑고때로 는 무섭기도
49 1. G B7
해 애애애애 - 애 야 아아아아 - 아 그래서
53 C Cm
- 나는매 - 일꿈을 - 꿔 이곳은 - 참 우 울해
57 G B7
61 C Cm

65 G
B7
C
D
D♭
리듬❸
73 2. G
B7
해 애애애애 - 애 야 아아아아 - 아 그래서
리듬❷
77 C
Cm
D
- 나는매 - 일꿈을 - 꿔 이곳은 -
리듬❸
81 G
B7
야 아아아아 - 아 야 아아아아 - 아 깊은바
85 C
Cm
- 닷속은너무외로 - 워 춥고어 - 둡고차 - 갑고때로 는 무섭기도
89 G
B7
해 애애애애 - 애 야 아아아아 - 아 그래서
93 C
Cm
- 나는매 - 일꿈을 - 꿔 이곳은 - 참 우 울해

밤양갱

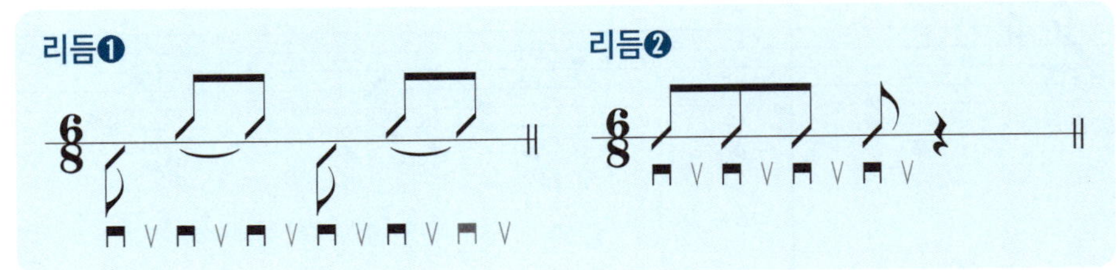

장기하 작사 • 장기하 작곡 • 비비(BIBI) 노래

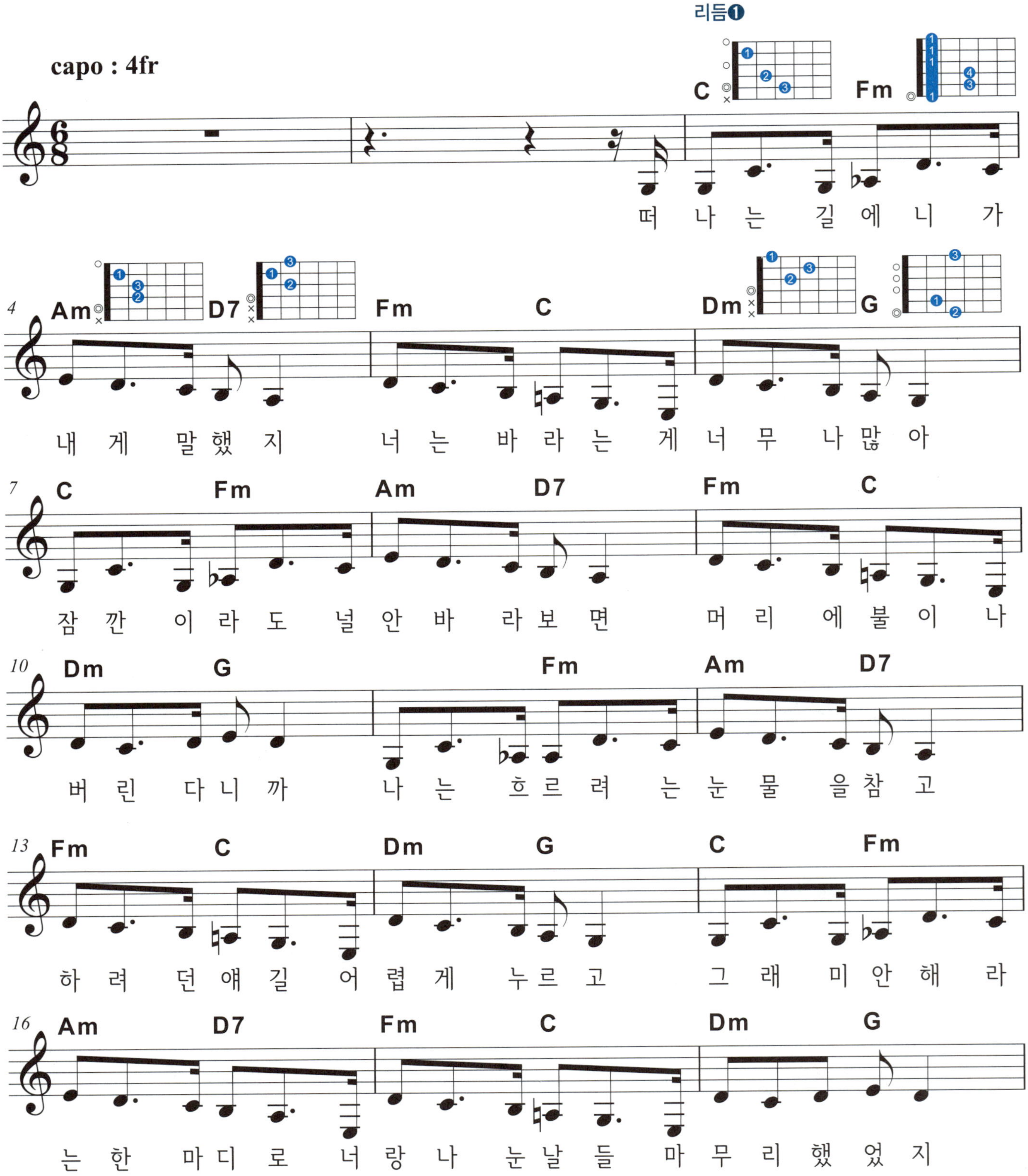

리듬❷
19 Am Dm
달디달고 달디달고달디단 밤 양 갱 밤 양
22 G Am
갱 내가먹고 싶었던건달디단 밤 양
25 D7 G 리듬❶ C Fm
갱 밤양갱 - 이야 떠 나 는 길에니 가
28 Am D7 Fm C Dm G
내게 말했지 너 는 바 라 는 게 너 무 나많아
31 C Fm Am D7 Fm C
아 냐 내가늘 바 란 건 하나 야 한 개 뿐이야 달디
34 C Fm Am D7
단 밤 양 갱
37 Fm C Dm G C Fm
40 Am D7 Fm C Dm G C

그 집 앞

이재성 작사 • 이재성 작곡 • 이재성 노래

Em   C   Em   B7   Em
지 - 돌아올수없는 지나간시간인걸 - 이 제
C   D   B7   Em
다 시 - 다 시 는 - 울 지 도 - 말아야지 - 어 차
C   B7
피 잊어야 할 - 슬픈기억인걸 - 그 집
Em   Am   D   G
앞 - 우 우 - - 난아직떠 날 - 수 없어 - 그 집
Em   Am   D   B7
앞 - 우 우 - - 난너를지 울 - 수 없어 - 그 집
Em   Am   D   G
앞 - 우 우 - - 난아직떠 날 - 수 없어 - 눈 물
Am   B7   Em
속 에 서 성이 - 네 그 - 집앞 -
D.C. al Coda
Am   B7   Em

해운대 연가

정찬우 작사 • 이호준 작곡 • 전철 노래

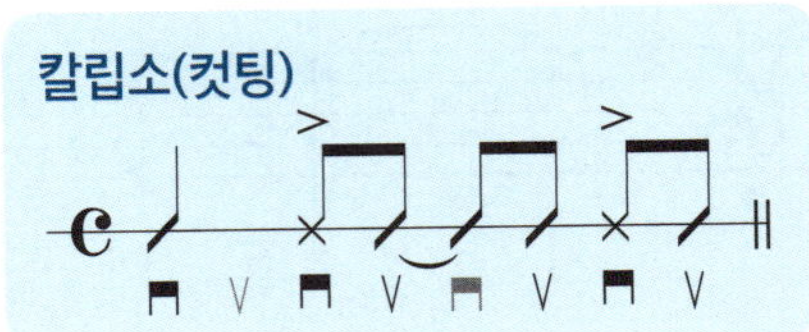

사 랑한다 맹세하던그대 - 널
널 널 -사 랑해 - 떨리 는
내 입 술에 키스해주던너 - 보 고싶 은
사 람 - 추 억속 -의 그 대 - 해 - 운 대
의 사 랑이여 - - 보 고싶 은
사 람 - 추 억속 -의 그 대 - 해 - 운 대
의 사 랑이여 -

멜로디와 아르페지오

 # 멜로디와 아르페지오

① 타브 악보 보는 법

타브 악보는 줄 위에 숫자를 적은 악보를 말합니다. 통기타의 타브 악보는 총 6줄이며 줄 위에 적힌 숫자는 해당 줄의 프렛 번호를 말합니다. 음표의 길이는 오선 악보와 동일하게 기둥과 날개를 그려 나타냅니다.

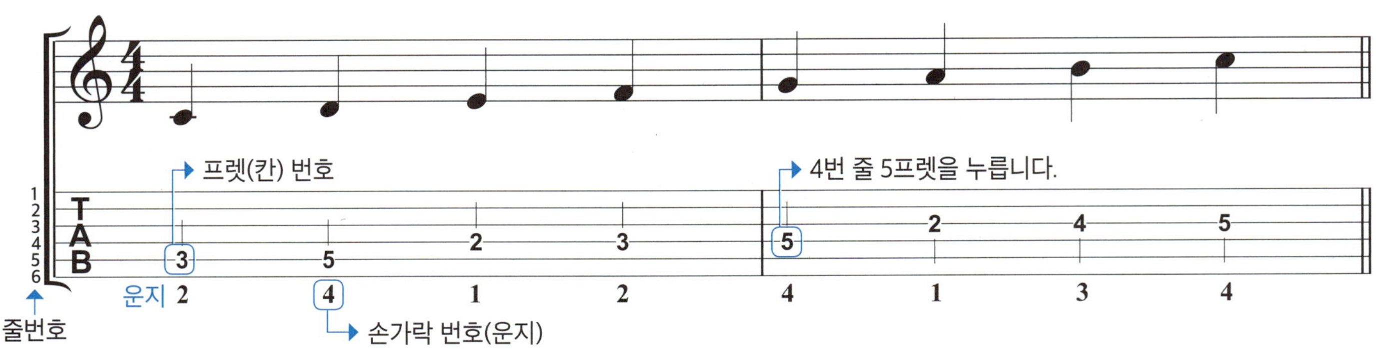

악보에서 가장 아래에 있는 줄이 기타에서 가장 두꺼운 줄(6번 줄)이며 왼손 손가락 번호는 코드 운지와 동일하게 엄지를 제외하고 검지부터 1, 2, 3, 4번입니다.

● 여러 줄을 동시에 연주할 때의 악보

여러 줄을 동시에 연주하는 경우에도 악보 보는 법은 같습니다.

타브 악보에서의 숫자 '0'은 개방현(프렛을 누르지 않고 줄을 치는 것)입니다.

② 피킹 연습 (얼터네이트 피킹)

멜로디를 연주할 때에는 한 줄씩 피크로 쳐야 하며 이때, 다운 & 업 피킹이 반복되는 것을 얼터네이트 피킹이라고 합니다.

피킹 연습은 멜로디를 연주할 때, 음과 음 사이가 부드럽게 연결 되도록 연주하기 위해 꼭 필요한 연습으로 꾸준히 연습해야 좋은 결과가 나타납니다.

아래 연습을 통해 얼터네이트 피킹을 익혀보세요.

연습 1

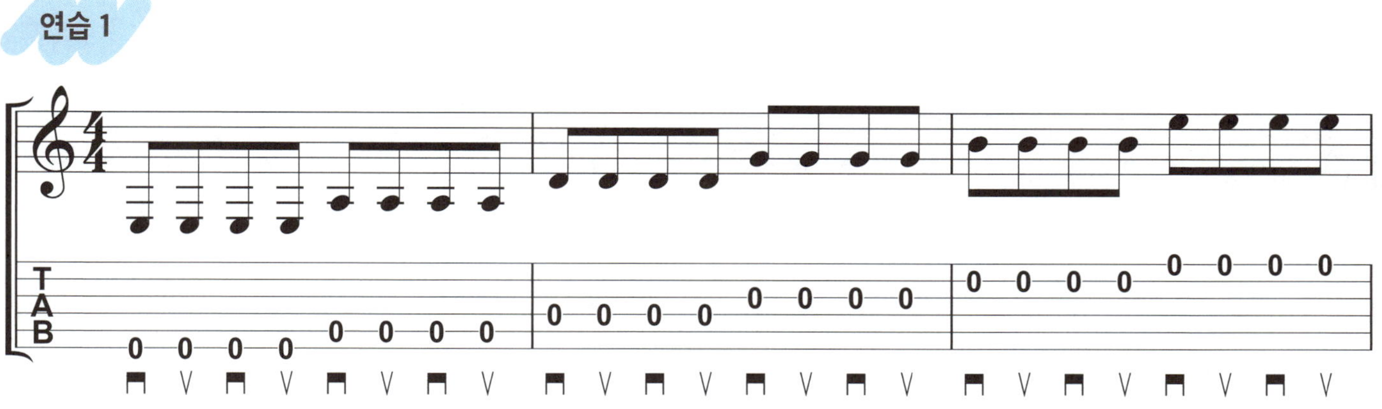

이제부터는 실제 연주에 필요한 연습패턴입니다.

연습 2

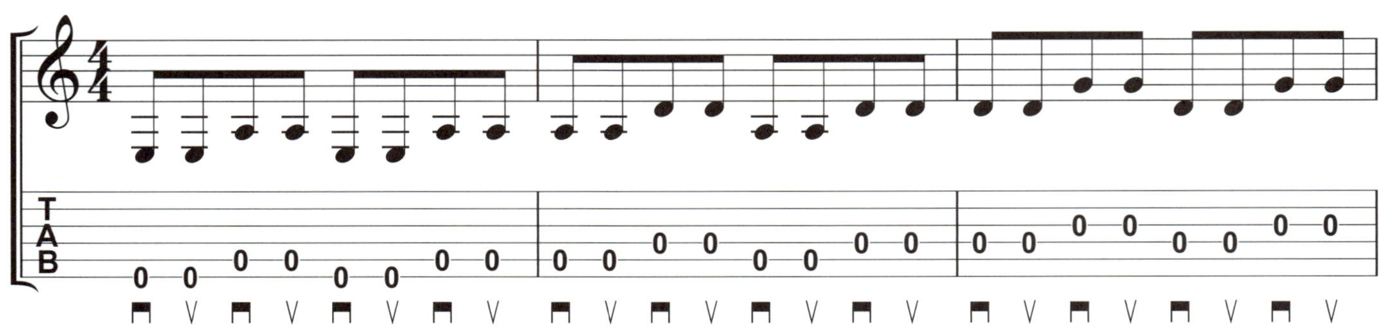

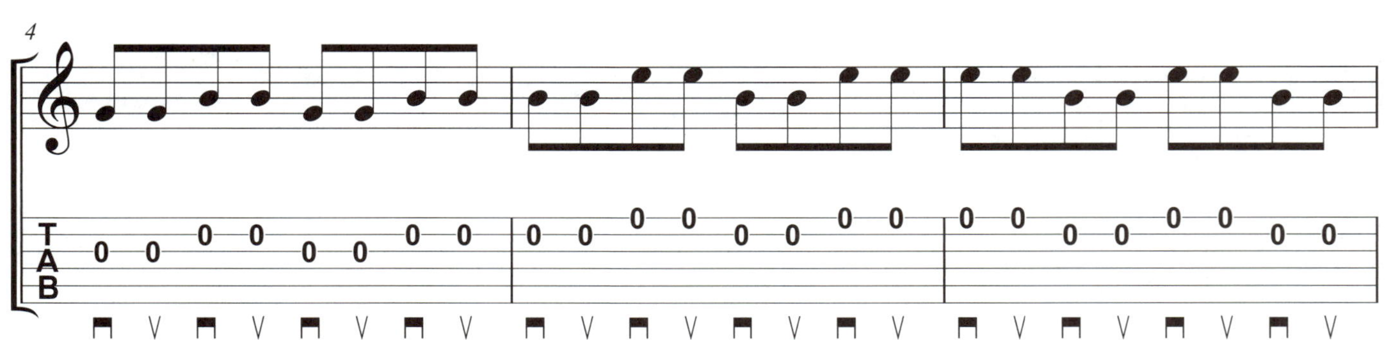

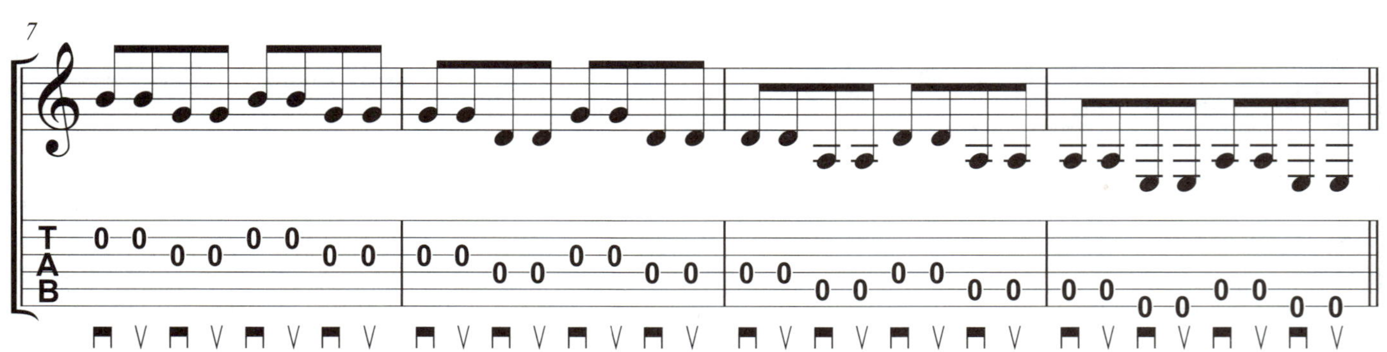

연습 3

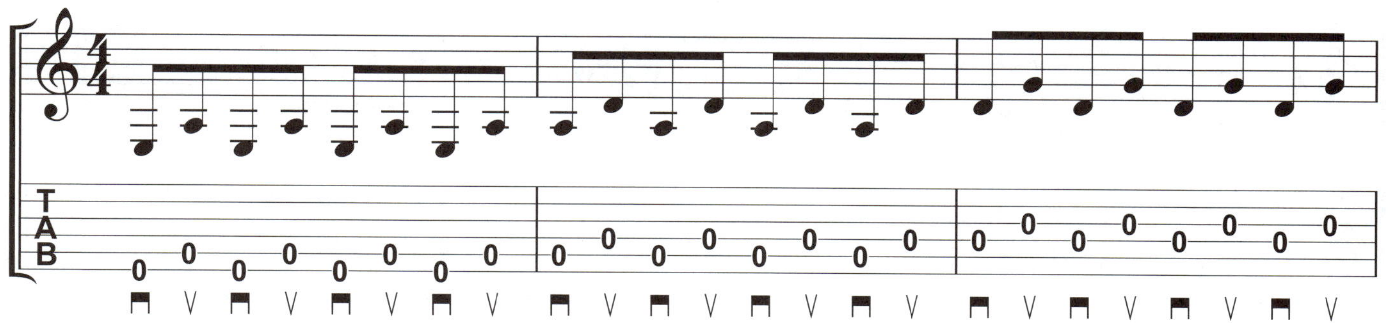

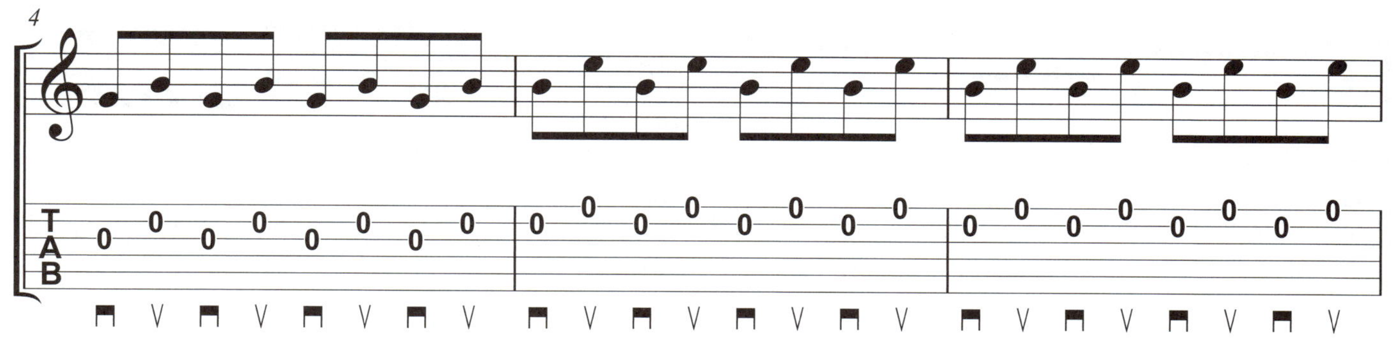

4

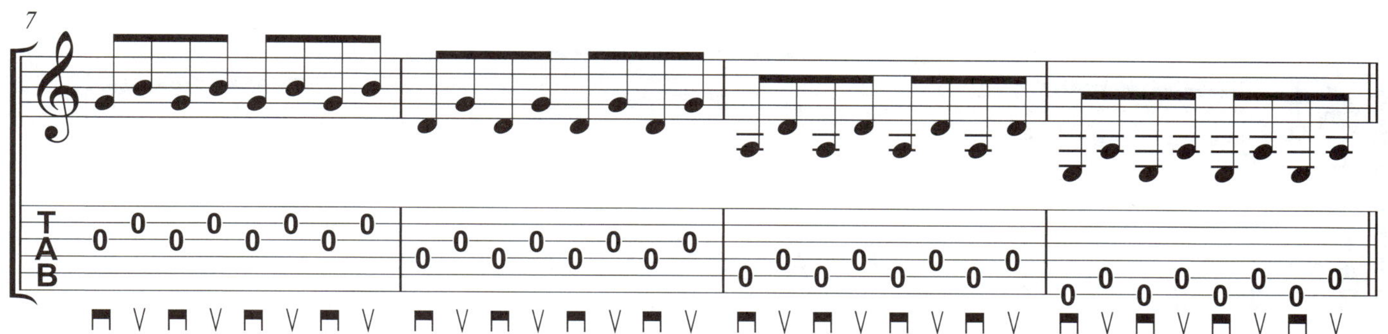

7

연습 4

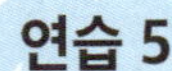

연습 6

연습 7

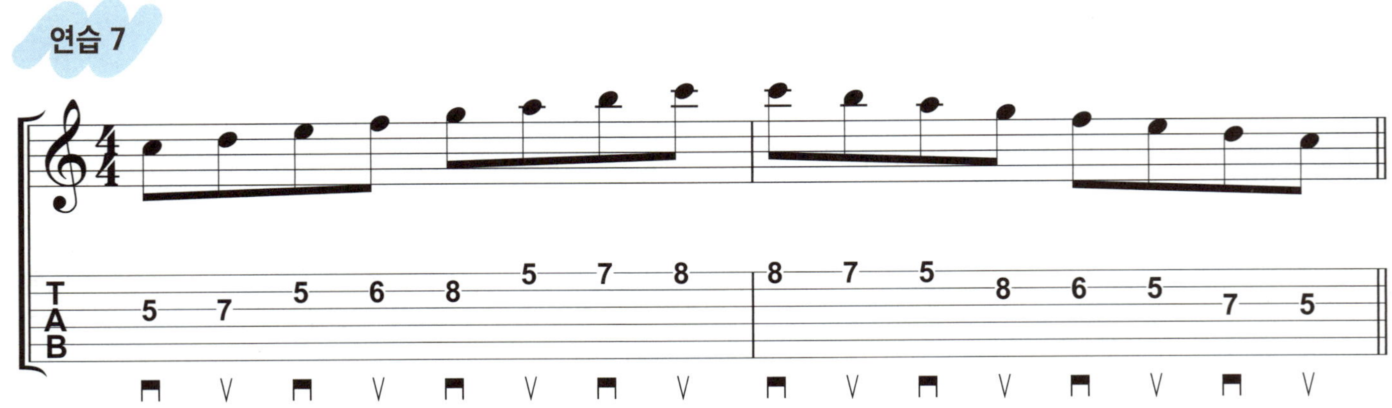

얼터네이트 피킹이 지켜지지 않으면 박자를 맞추어 연주하기가 어려울 수 있으니 천천히 연습하세요.

3 음계 익히기

● C Major Scale

C Major Scale은 흔히 알고 있는 '도, 레, 미, 파, 솔, 라, 시, 도'입니다. 기타 지판 위의 C Major Scale
에 대해 알아보겠습니다.

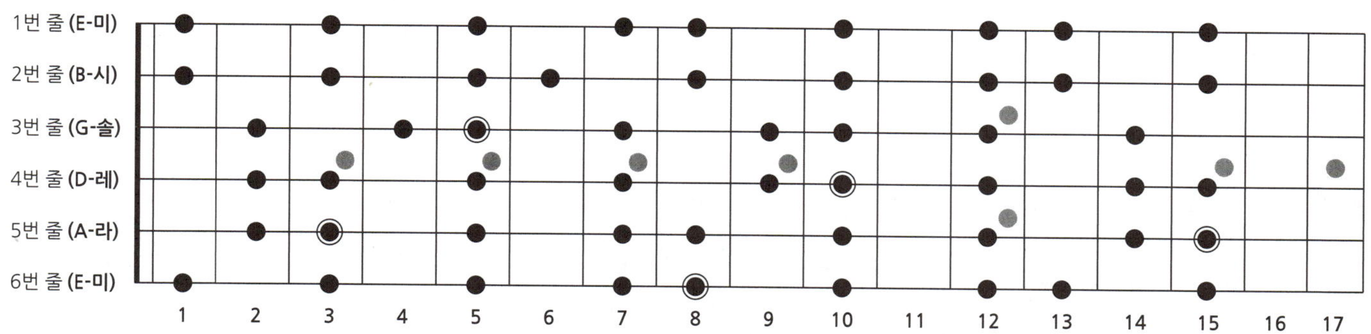

진한 동그라미 부분이 C Major Scale에 해당하는 위치입니다. 이 지판 위의 C Major Scale을 5개의
포지션으로 나누어 연습해 보도록 하겠습니다.

● 1 포지션

연주 순서는 가장 낮은 음부터 연주하면 됩니다. 타브
악보를 보고 연주 순서를 익힌 후 2포지션부터는 포지션만
보고 연주해 보세요.

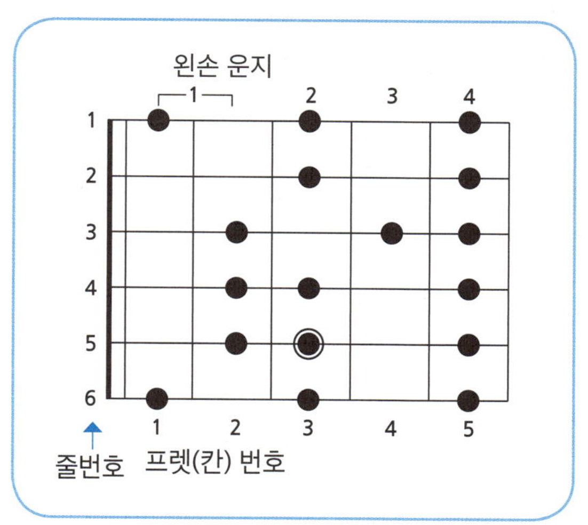

● 1 포지션 타브 악보

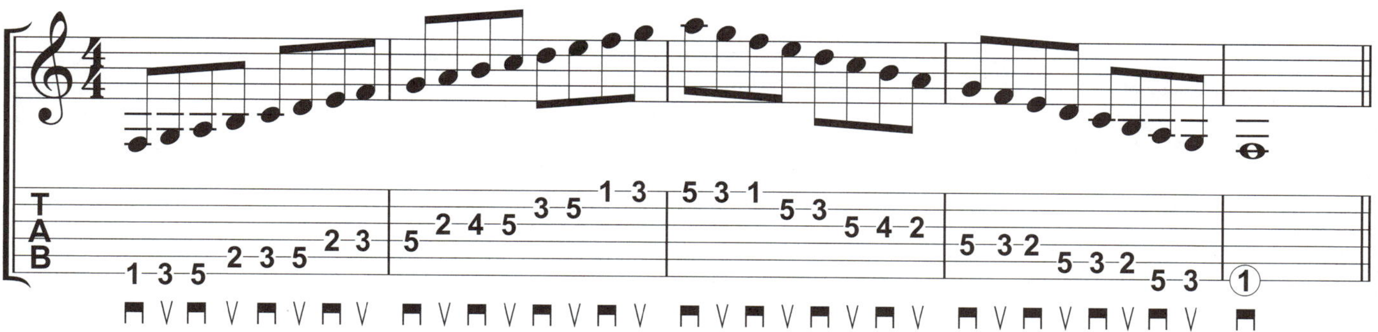

곰 세 마리

작사 미상 • 작곡 미상

나비야

작사 미상 • 독일 민요

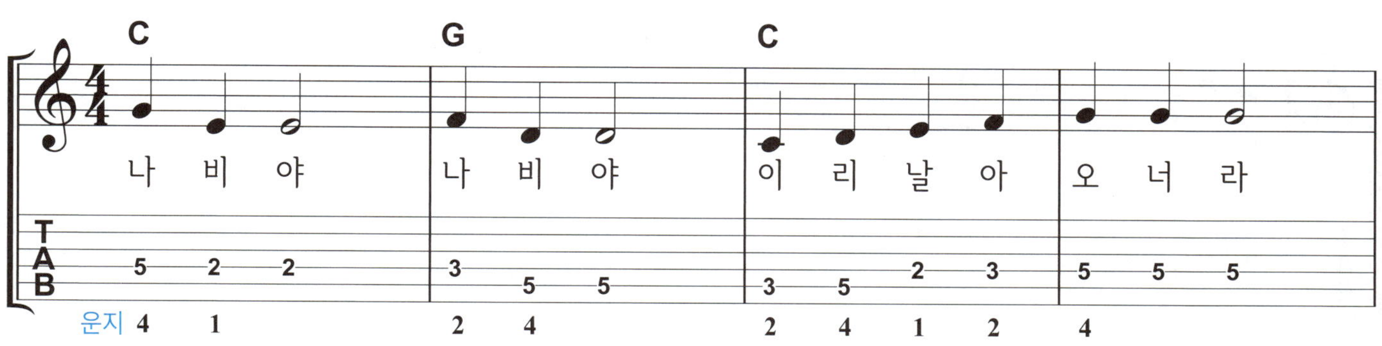

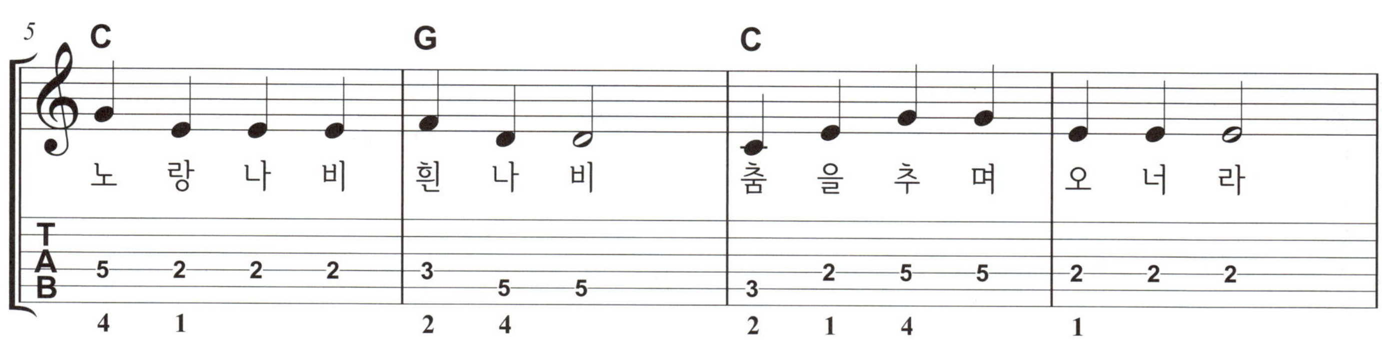

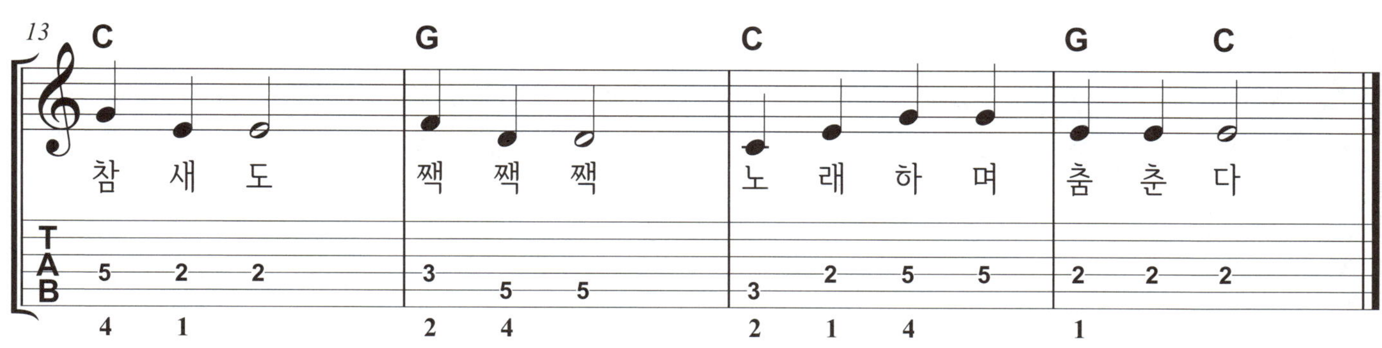

이등병의 편지

김현성 작사 · 김현성 작곡 · 김광석 노래

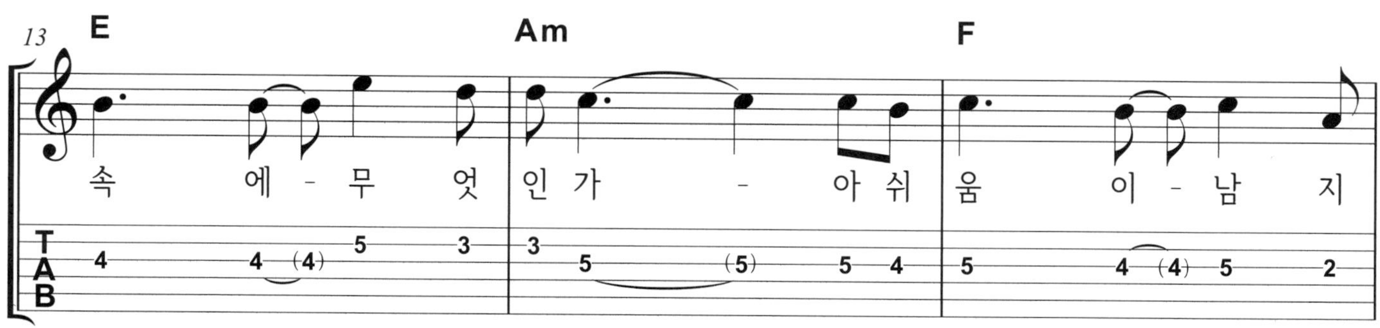
E
Am
F
속 에 무 엇 인 가 아 쉬 움 이 남 지

G
C
E
Am
만 풀 한 포 기 친 구 얼 굴 모 든

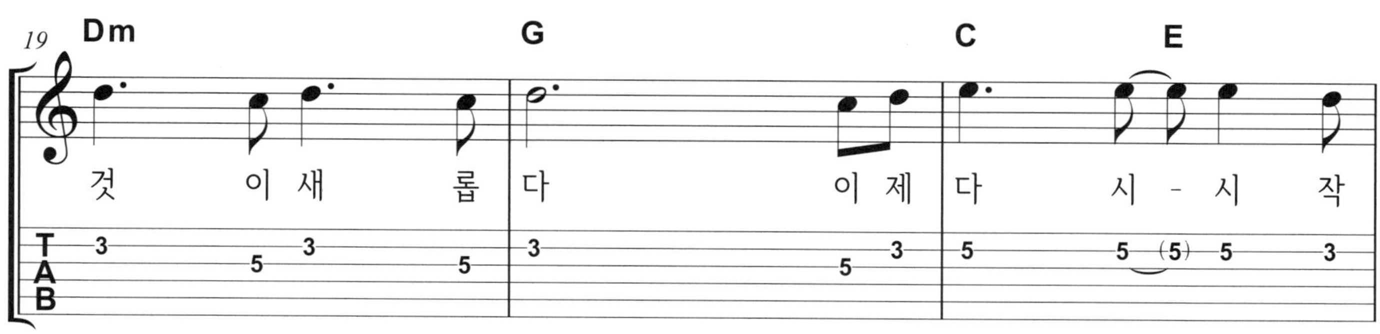
Dm
G
C
E
것 이 새 롭 다 이 제 다 시 시 작

Am
F
Fm
C
이 다 젊 은 날 의 생 이 여

4 아르페지오

● 아르페지오 연주 방법

코드를 스트로크 하듯 여러 줄을 한 번에 치지 않고, 한 줄씩 순차적으로 쳐서 그 소리들이 화음을 이루게 하는 주법을 아르페지오 주법이라고 합니다.

아르페지오 주법에서는 피크를 사용해도 되지만, 보통 오른손 손가락을 사용해 연주하는 것이 일반적인 연주 방법입니다.

연주에 사용할 오른손 손가락의 기호를 알아보겠습니다.

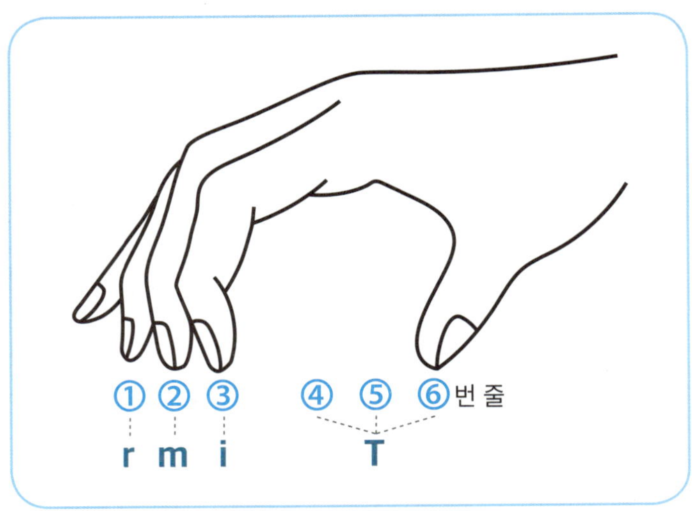

각 손가락을 영어로, Thumb(엄지), Index Finger(검지), Middle Finger(중지), Ring Finger(약지)라고 하는데, 이에 따라 위 그림처럼 표기합니다.

● 아르페지오 연주 자세

손가락을 작은 캔 음료수를 잡고 있는 모양에서 엄지만 위로 들어 주고, 팔은 스트로크 할 때와 동일한 자세를 합니다.

 아르페지오 패턴 익히기

아르페지오 연주에서 엄지는 6, 5, 4번 줄을 담당하는데, 이것은 코드마다 근음의 위치가 다르기 때문입니다.

코드표에서 X표시를 제외하고, 칠 수 있는 가장 두꺼운 줄을 엄지가 치게 됩니다.

G코드는 6번 줄, D코드는 4번 줄, A코드는 5번 줄…

● ¾박자 패턴

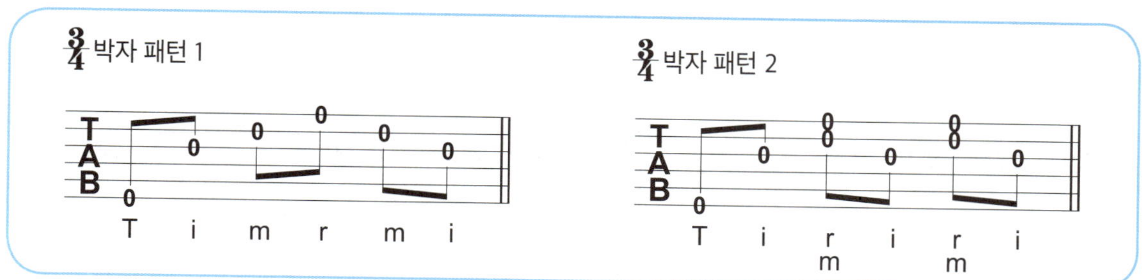

응용 연습

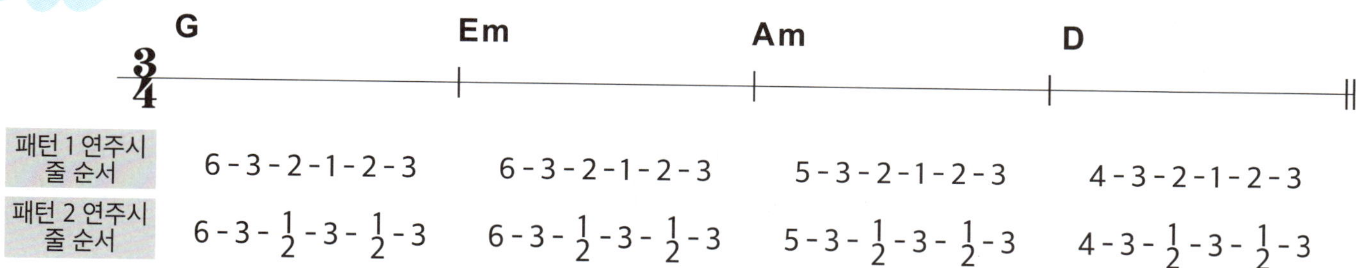

패턴 1 연주시 줄 순서	6-3-2-1-2-3	6-3-2-1-2-3	5-3-2-1-2-3	4-3-2-1-2-3
패턴 2 연주시 줄 순서	6-3-$\frac{1}{2}$-3-$\frac{1}{2}$-3	6-3-$\frac{1}{2}$-3-$\frac{1}{2}$-3	5-3-$\frac{1}{2}$-3-$\frac{1}{2}$-3	4-3-$\frac{1}{2}$-3-$\frac{1}{2}$-3

● 4/4박자 패턴

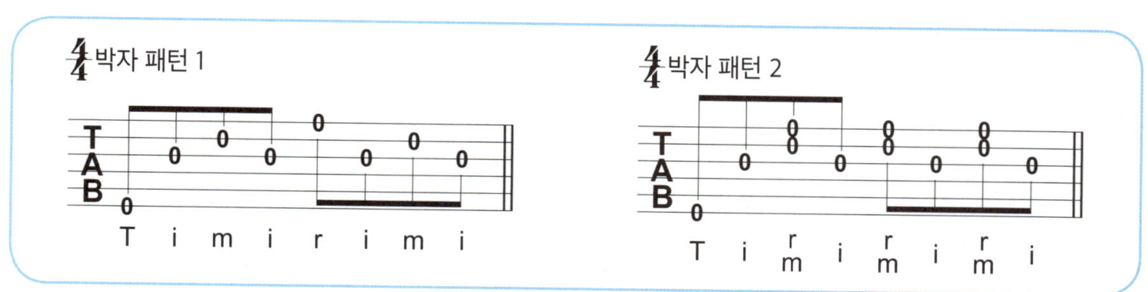

응용 연습

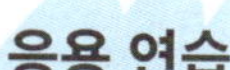

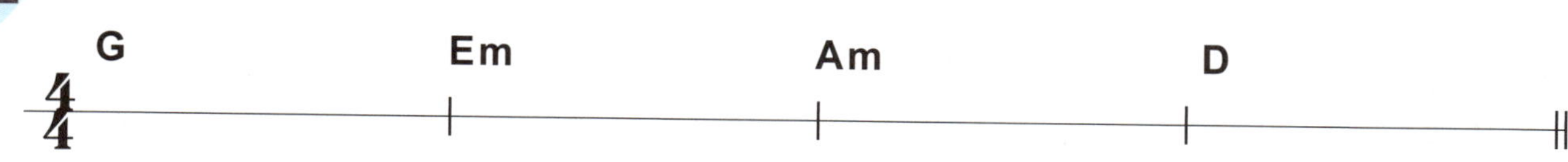

패턴 1 연주시 줄 순서	6-3-2-3-1-3-2-3	5-3-2-3-1-3-2-3	4-3-2-3-1-3-2-3	6-3-2-3-1-3-2-3
패턴 2 연주시 줄 순서	6-3-$\frac{1}{2}$-3-$\frac{1}{2}$-3-$\frac{1}{2}$-3	5-3-$\frac{1}{2}$-3-$\frac{1}{2}$-3-$\frac{1}{2}$-3	4-3-$\frac{1}{2}$-3-$\frac{1}{2}$-3-$\frac{1}{2}$-3	6-3-$\frac{1}{2}$-3-$\frac{1}{2}$-3-$\frac{1}{2}$-3

그대만 있다면 미리보기

코드를 쉽게 변경한 악보로 2프렛에 카포를 장착하고 연주하는 아르페지오 연습곡입니다.
앞에서 배운 아르페지오 패턴을 코드를 잡은 채로 연주하면 되지만, 스트로크 코드 연습을 충분히
해야 맑은 소리를 낼 수 있습니다.

아르페지오 주법으로 연주하기 위해서는 연주할 코드들의 근음이 몇 번 줄에 있는지 알아야 하는
데, 이 곡에서 사용되는 코드들의 근음 위치는 아래와 같습니다.

6번 줄 근음	5번 줄 근음	4번 줄 근음
G, Em, Esus4, E	**C, Cm, Am, Bm**	**D, Dm**

● **아르페지오 패턴**

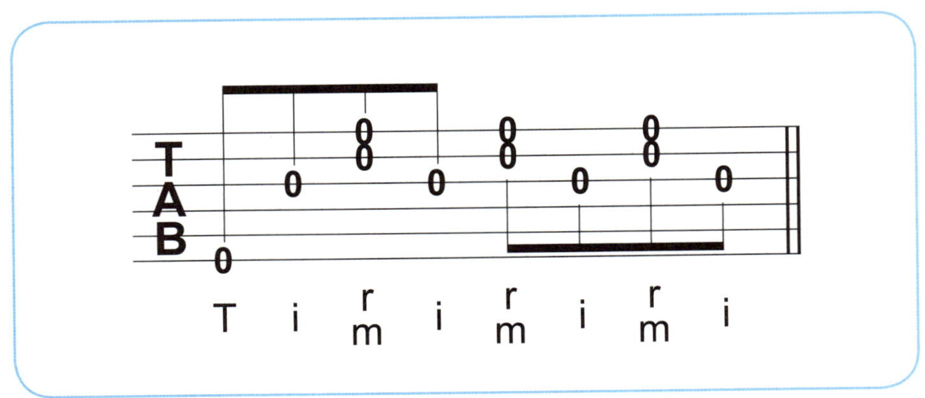

● **연습**

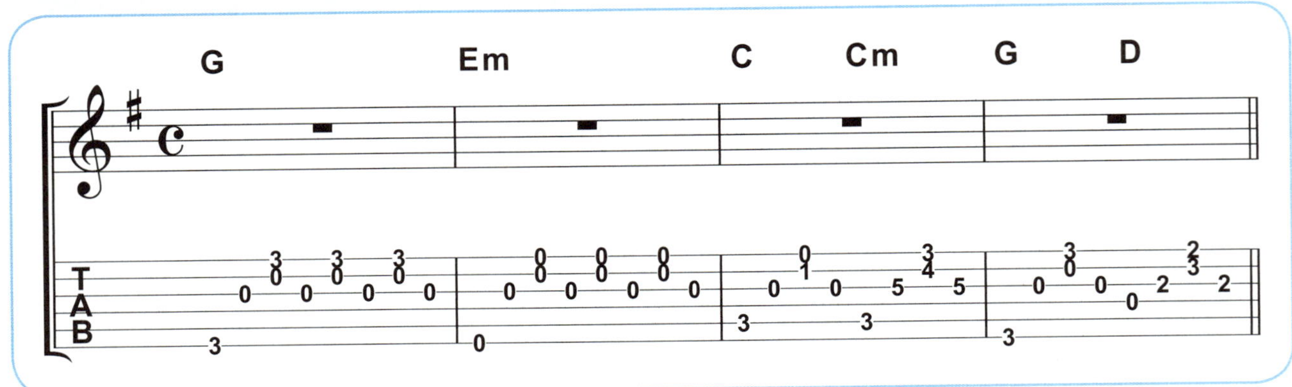

코드를 잡고 패턴대로 연주하면 타브 악보의 숫자대로 연주됩니다.

그대만 있다면

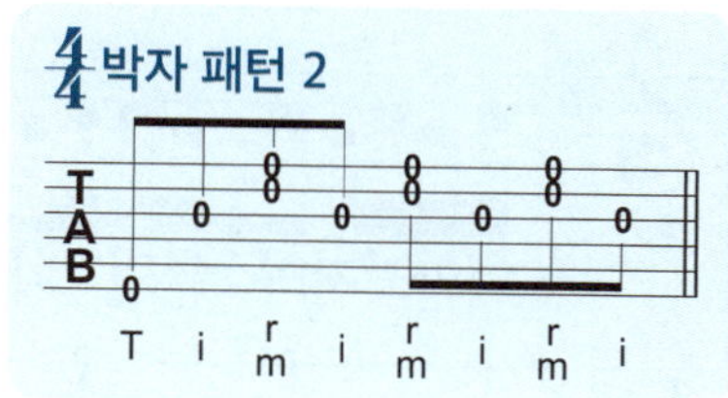

강현민 작사 • 강현민 작곡 • 너드커넥션 노래

capo : 2fr

G Em C Cm

G D G Em

C D G

Em C D G

Am
Bm
C
너와의기억 뿐인 - 나를 위해 서 - 였 다면 - 조금씩무너 져가 - 는날 날

Cm
G
Bm
위 한 다 면 이대로 - 내곁에 있 어 야 해요 -

Esus4
E
Am
C
Cm
나 를떠 나 - - 면 안 - 돼요 - 세 상의 모 든걸 잃

G
Em
Am
D
어 - 도 괜찮 아 - 요 그 대 만있 다면 - 그 대 만있 다면 -

D
G
Em
- 함 께웃 - 던 시 간 들을 함 께했 - 던 약 속 들을

지금 또- 영원 히- 기 억 하겠어 -요 다 시한-번 생 각 해요
무 엇이- 날 위 한 건 지 그대는 - 알 고있 -어요 -
영원히 - 내곁을 지 켜 주 세요-
나 를 떠 나 -지
말 아요- 세 상의 모 든걸 - 잃 어 -도 난 좋 아 -요 그
대 -만있 다 면- 그 대 -만있 다 면-

잘 지내자, 우리

조은영, 성용욱 작사 • 성용욱 작곡 • 로이킴 노래

-치 -기만- 했 다
같이 구름걸- 터앉- 은 나 무
바 라 보 며 -
잔디 밭에 누- 워한-쪽 귀- 로만 -듣던-
달
콤 한 노래들이
쓰 디 쓴아-픔 이 -되어
다시 돌 아 올 것 - 만 같 아
-
분 명 언젠- 가다-시 스 칠날 - 있겠-지 만-
모
른 척
지나 가겠 지 -
최 선 을다-한 넌-
받아

G   Am   D
들 이겠-지 만-   서툴 렀 던 - 난아직 도- 기 적 을꿈-꾼 다   눈
G   Bm   Em
마 주 치며 그-땐 미안 했 - 었 다 고   용 서해 달- 라고- 얘기하 는
D   C   G   Am
-날 - 그때- -까지- 잘 지 - 내자- 우 리   우리
지 -내 자
1.D   Am   G   F   D
지
G   Bm   Em
금 생 각 해보면 그까짓 두 려움 -   내가 - 바보 같-았 지

하며 솔직해 질 자신 있 으니 돌아오
기만 하면 좋겠 다 분 눈
마 주 치며 그땐 미 안했 다 고 용서 해달 라고 이
야 기 하 는 날 그
때 까지 잘 지내 자 우리

그대가 내 안에 박혔다

황치열, OKOK 1, OKOK 3 작사 • 이래언 작곡 • 황치열 노래

capo : 1fr

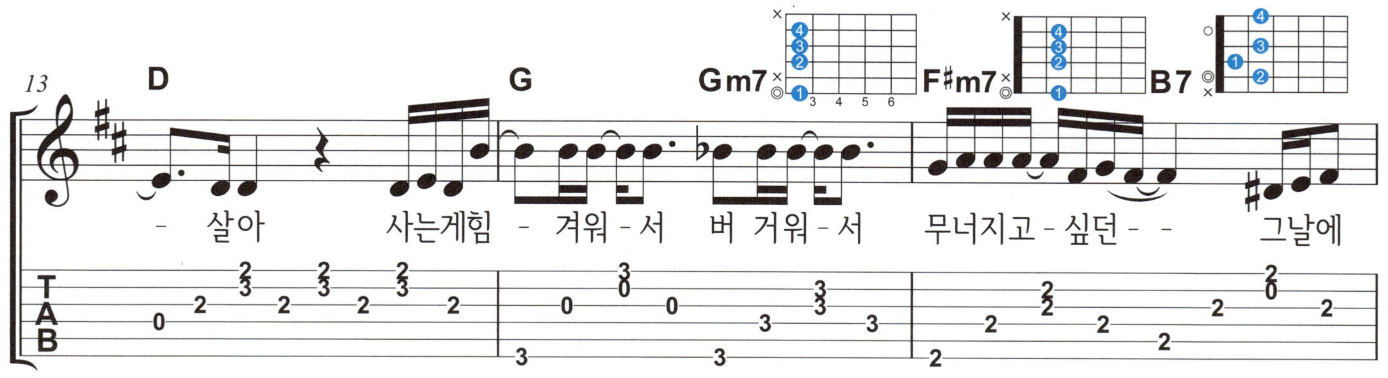

13
D
G
Gm7
F#m7
B7
- 살아   사는게힘 - 겨워 - 서 버 거워 - 서   무너지고 - 싶던 - -   그날에

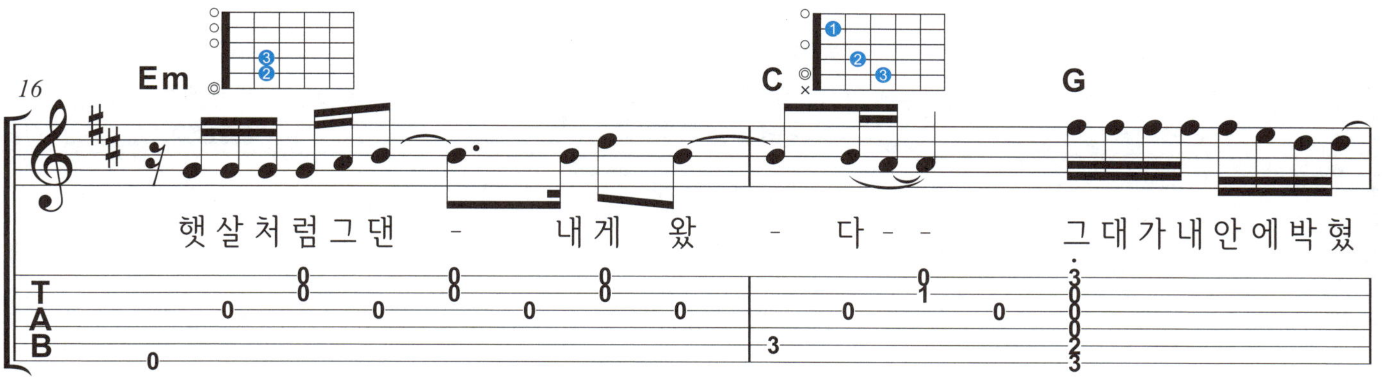

16
Em
C
G
햇 살 처 럼 그 댄 - 내게 왔 - 다 - - 그 대 가 내 안 에 박 혔

스트로크
(슬로우 고고)
18
D
F#m7
- 다   그 대 가 내 맘 을 녹 였 - 다 그 대 - - 가 -   나 밖 에 몰 - 랐 던 내

20
G
D
A
Bm
F#m7
- 가 사 랑 을 배 워 가 고 - 있 다 - -   겨 울 - - 같 은 - 시 간 이 와 도 - - - 꽃

23
G
D
Bm
E
1. A
은 꺾 지 않 겠 다 - 나 이 제 - 야   이 제 야 숨 을 - 쉰 - - 다 - 너 와

26
D   Am   G   A   G   Gm7
사는게힘 - 겨워 - 서 버 거워 - 서

29
F#m7   B7   Em   Bm   C   G
무너지고 - 싶던 - - 그날에 햇살처럼그댄 - 내게 왔 - - 다 - - 그대가내안에박혔

스트로크
(슬로우 고고)
32
2. A   Gm7   F#m7   B7
- 다 - 너와 - - 한없이춤 기만 - 했 - 던 - 어둡던지 난밤 - 들은

35
Em   Am   D
- - 오 늘을 - 위 한 - 시 련이 - - 었 다 - 흩 어 진 내 맘 이 길

37
A♭m7   C#7   F#m7   B7
- - 을잃 - - 어도 - 아픈 시 간이 - 와 - 도 - - - - 그 대와

39
Em   E   G   A
함께걷겠다 내 - 전부를걸 - 겠다 - 그 대 와 -
2/4   C

144

42
Em   G   D
그대가내안에박혔 - 다   그대가내맘을녹였 - 다그대

45
F♯m7   G
- - 가 -   나밖에몰 - 랐던내 - 가   사랑을배워 가고 - 있다 -

47
D   A   Bm   F♯m7   G   D
-    겨울 - - 같은 - 시간이와도 - - 꽃 은 꺾지않겠다 - 나이 제 -

50
Bm   E   G   A
야   이제야 꿈을 - 꾼 - - - 다 -   너 와

53
D   A   Bm   Am   G   D   E
TAB

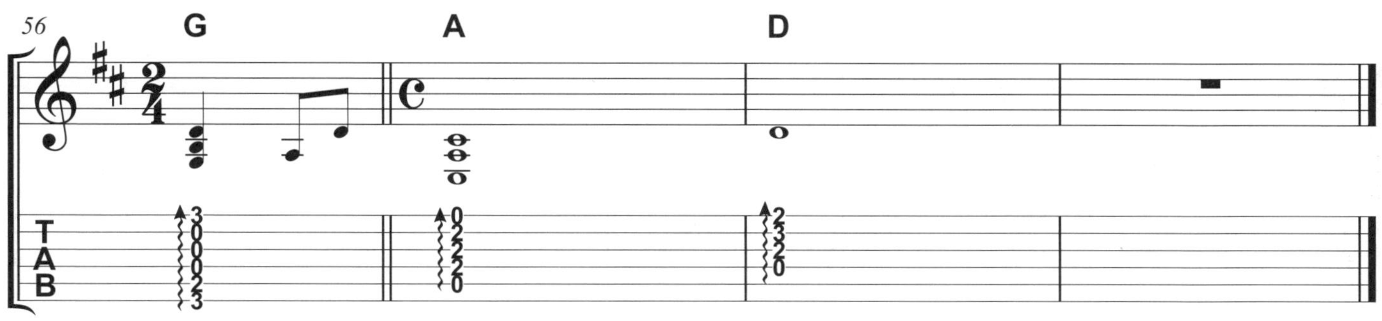

56
G   A   D
TAB

나는 반딧불

정중식 작사 • 정중식 작곡 • 황가람 노래

4/4 박자 패턴 2
T i r m i r m i r m i

C E Am F G
C E Am F G
C C E Am
나는내가 빛 나는 별 인 줄 알았 어요 한번
F G C E
도 의심한 적 없 었 죠 몰랐 - 어 요 난 내가

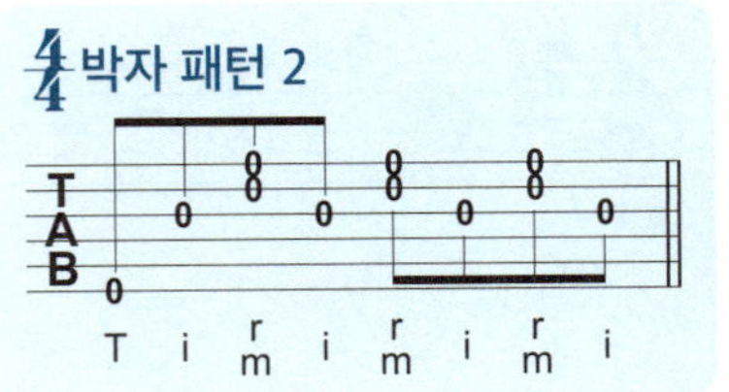

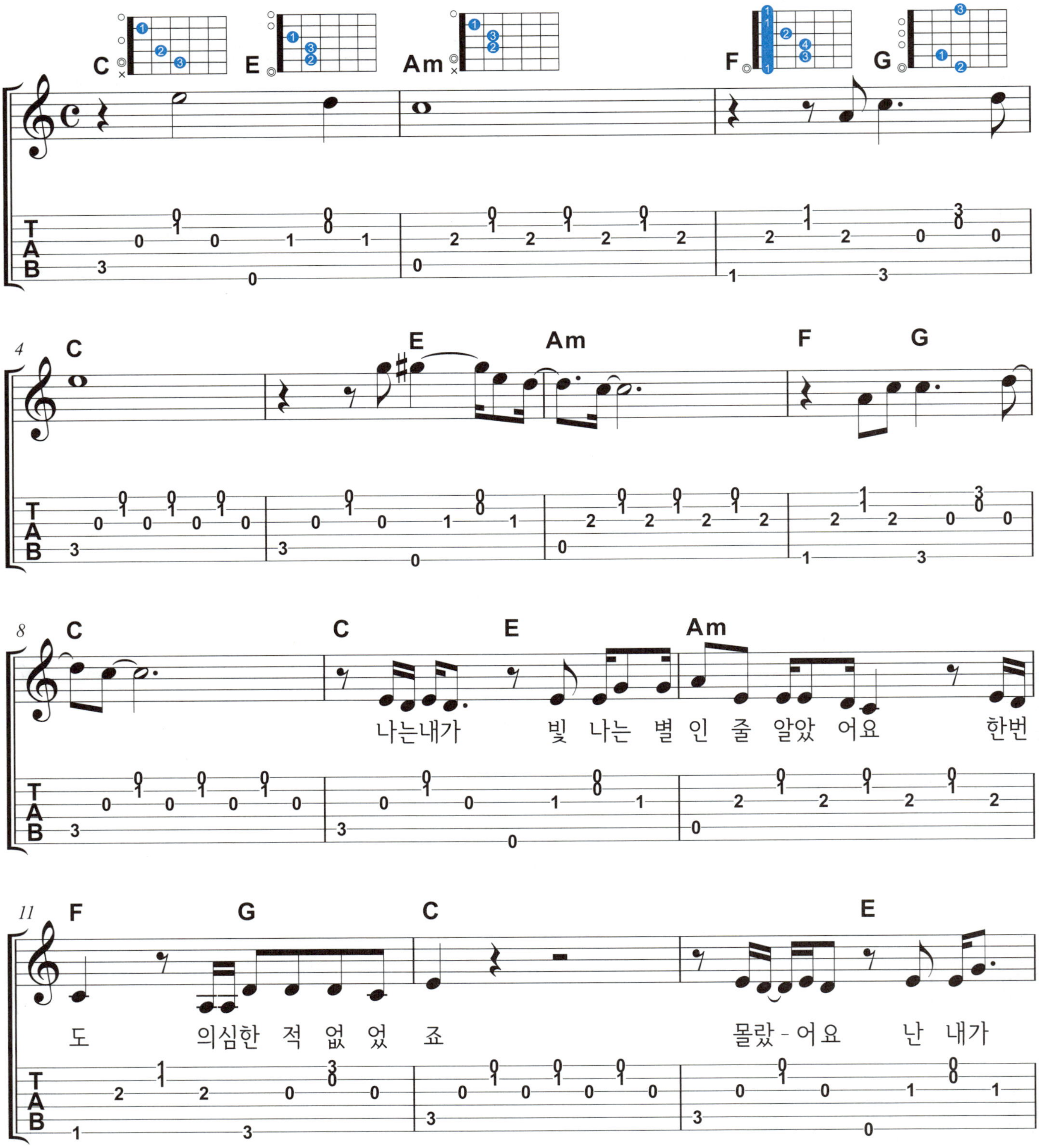

벌 레 라는 것을   그래도 괜 찮아 - 난눈부   시니까 -
하늘에서   떨 어진별 인 줄 알았 어요   소원 을   들어주 는 -작은
별   몰랐 - 어요   난 내가 개 똥 벌레 라는것을 -   그래도
괜 찮아 - 난빛 날 -테니까 -   나는내가   빛 나는 별
인 줄 알았 어요   한번 도   의심한 적없 - 었 죠

29 C E Am F G
몰랐-어요 난 내가 벌레 라는 것을 그래도 괜찮아- 난눈 부 시니까
32 C E Am
한참 동 안 찾았던 내 손 톱 하늘
35 F G E
로 올 라가- 초 승 달 돼버 렸지 주워 담을 수도 없게- 너무
38 Am F G
멀 리 갔죠 누가 저기 걸-어났 어 누가 저기 걸-어났 어 우주
41 E Am F
에 서 무 주 로 날 아 온 밤하 늘 의 별 들이- 반딧

불이 돼버렸지
내가널 만난 것 처럼-
마치약 속 한 것 처럼-
나는
다 시 태어 났지
나는 다 시 태어 났지
D.S. al Coda
하늘에서
떨 어진 별인 줄 알았 어요
소원
을
들어주 는 -작은 별
몰랐-어요
난 내가 개
똥 벌레 라는것을 -
그래도 괜 찮아-
난빛날
테니까 -
rit.

주저하는 연인들을 위해

잔나비JH 작사 • 잔나비JJ, 잔나비YH, 잔나비JH, 잔나비DH 작곡 • 잔나비 노래

C   Cm   G   Cm
을   사랑을 해 줘 요   할 수 있 다 면-   그럴
Bm   E   Am
수 만 있 - 다 면 -   새 하 얀 빛   으 로   그 댈 비 춰
D   G   B7   Em   G
줄 게 요-   그 러 다 - -   밤 이 찾 아 오 면   우 리
C   Cm   G   C   F#
둘만의   비 밀 을 새 겨 요   추 억 할 그 밤 위 에   갈
Bm   Em   C   D   G
피 를 꽂 고 - 선   남 몰 래 펼 쳐 - 보 아 요 -

나의 자라나는 마 음을- 못 본
채 꺾어버릴 순 없네 미 련남길바 엔- 그리
워 아픈-게 나아- 서둘러 안 겨본 그 품은따스
할 테니- 그 러 다- - 밤 이찾아 오 면 우리

둘만의 비밀을새겨요 추억할그밤위에 갈
피를꽃고-선 남몰래펼쳐보아요 언젠가
또그날이온대도 우린 서둘러 뒤돌 지말아
요 마주보던그대로 뒷걸음치면-
서 서로의 안녕을 보아요

모든 날, 모든 순간

어깨깡패1 작사 • 어깨깡패1 작곡 • 폴킴 노래

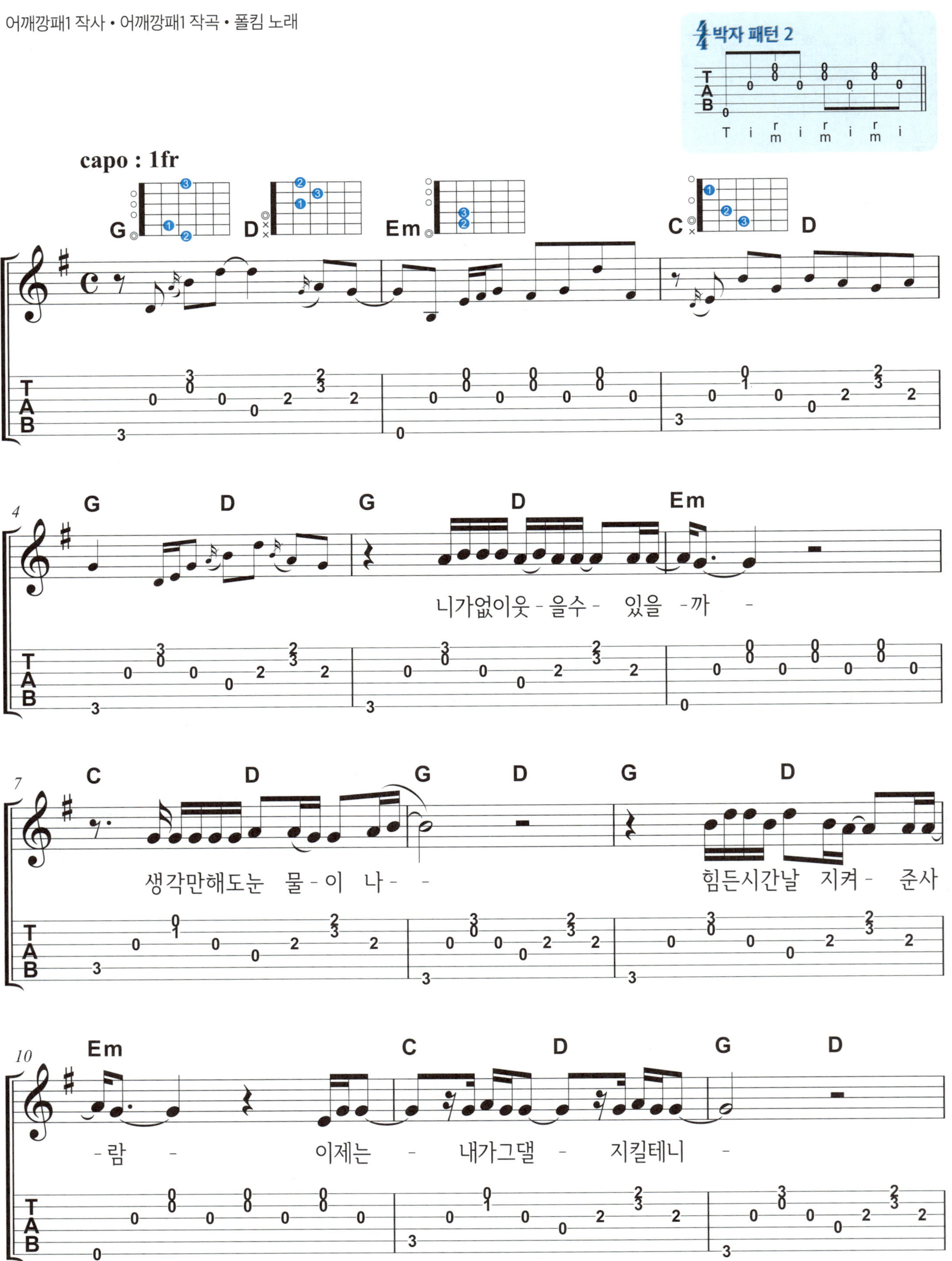

너의품은항 상따 - 뜻했 - 어 -
불안했던나 의고 - 된삶 - 에 -
고단했던
한줄기빛

나 의하-루에 -
처 럼다-가와 -
유 일한 휴식처 - woah - - - 나 는 -
날 웃게 해준너 - woah - - - 나 는 -

너 하 나 로 충 분 해 -
긴 말 안 해 도 눈 빛 으 로 -
다 아 니 까

- - hmm -
한송이의꽃 이피 - 고지 - 는 -
모든날

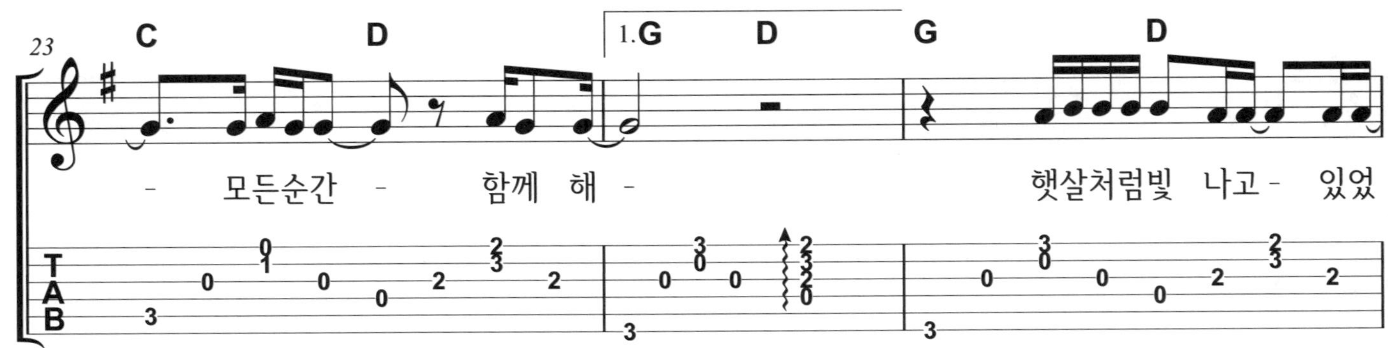

23
C   D   1.G   D   G   D
모든순간 -   함께 해 -   햇살처럼빛 나고 - 있었

26
Em   C   D   G   D
-지 -   나를보는니 눈 빛 은 -

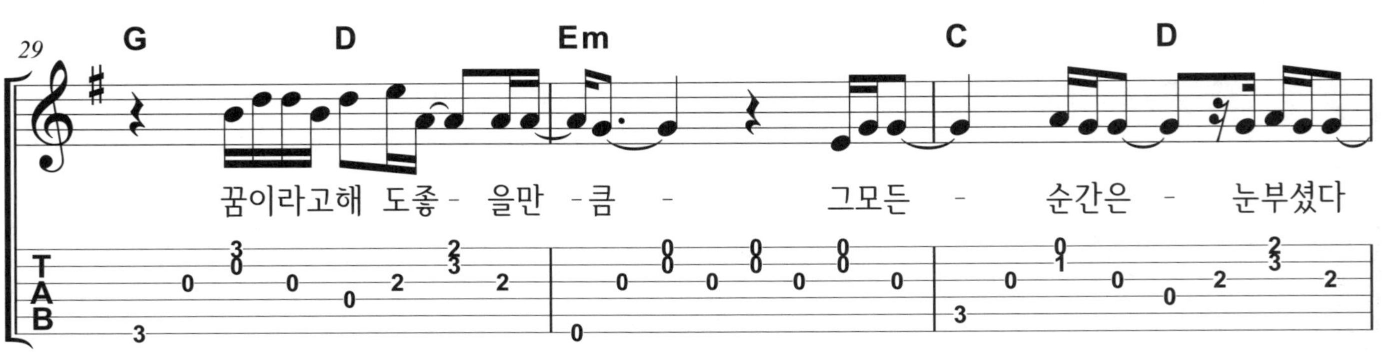

29
G   D   Em   C   D
꿈이라고해 도좋 - 을만 -큼 -   그모든 -   순간은 - 눈부셨다

32
G   D   2.G   C
- -   oh - - - - -yeah   알수없는미 래지 -만

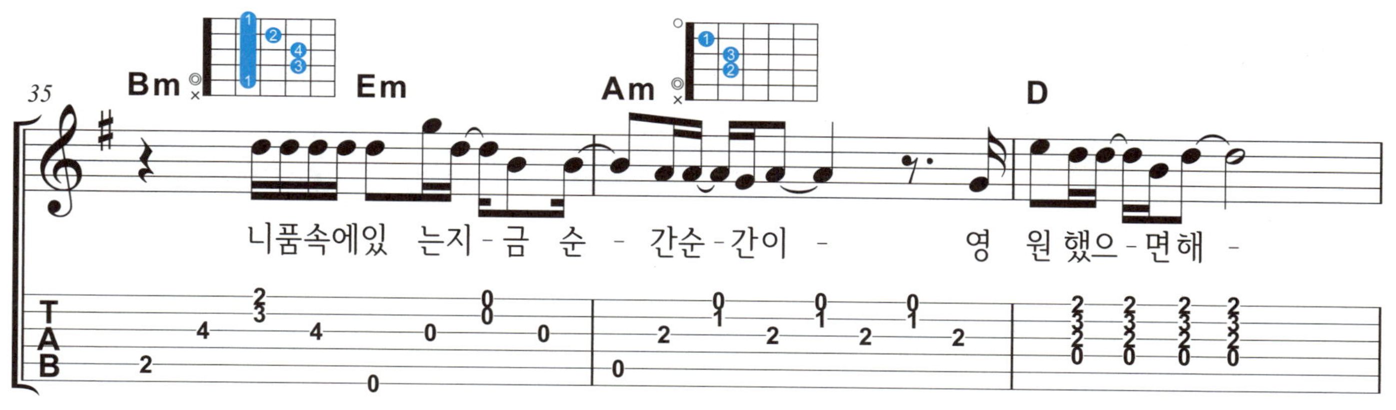

Bm
Em
Am
D
니품속에있 는지 - 금 순 - 간순 - 간이 - 영 원 했으 - 면해 -

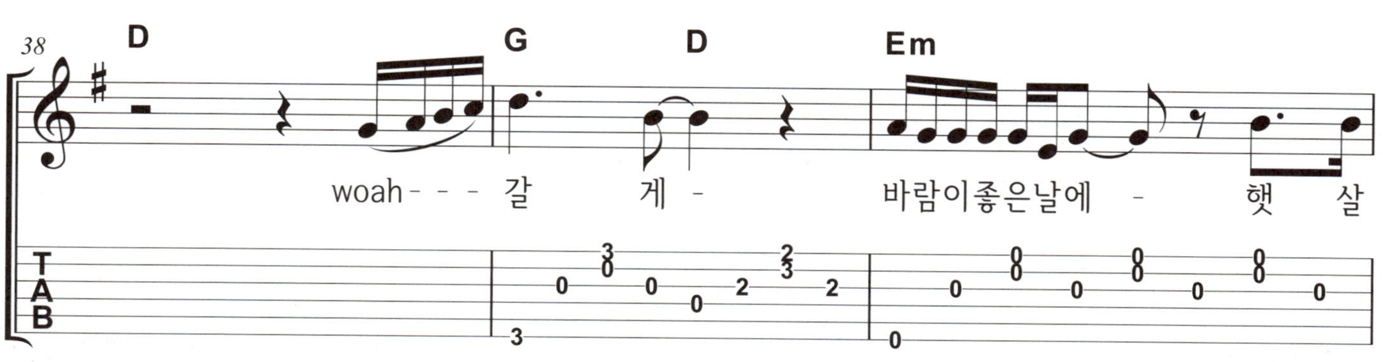

D
G
D
Em
woah - - - 갈 게 - 바람이좋은날에 - 햇 살

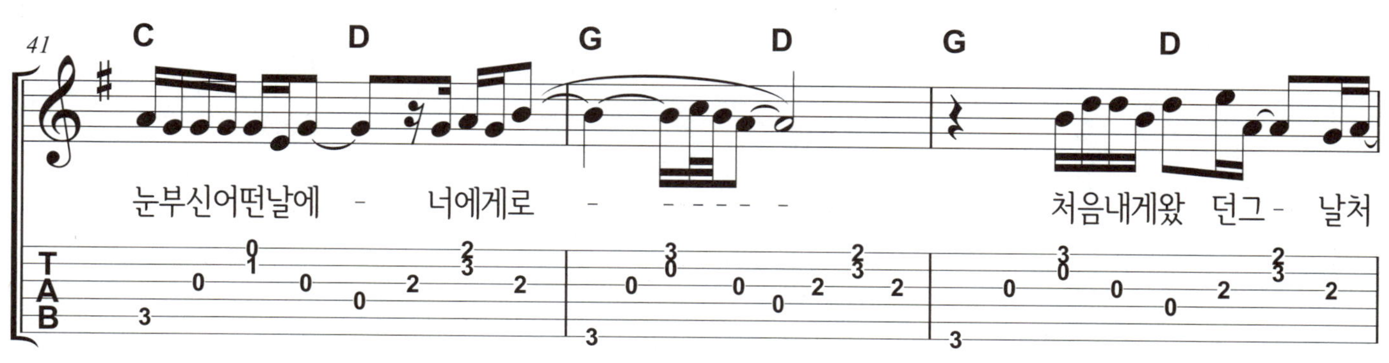

C
D
G
D
G
D
눈부신어떤날에 - 너에게로 - - - - - 처음내게왔 던그 - 날처

Em
C
D
G
D
-럼 - 모든날 - 모 든순간 - 함께 해 -

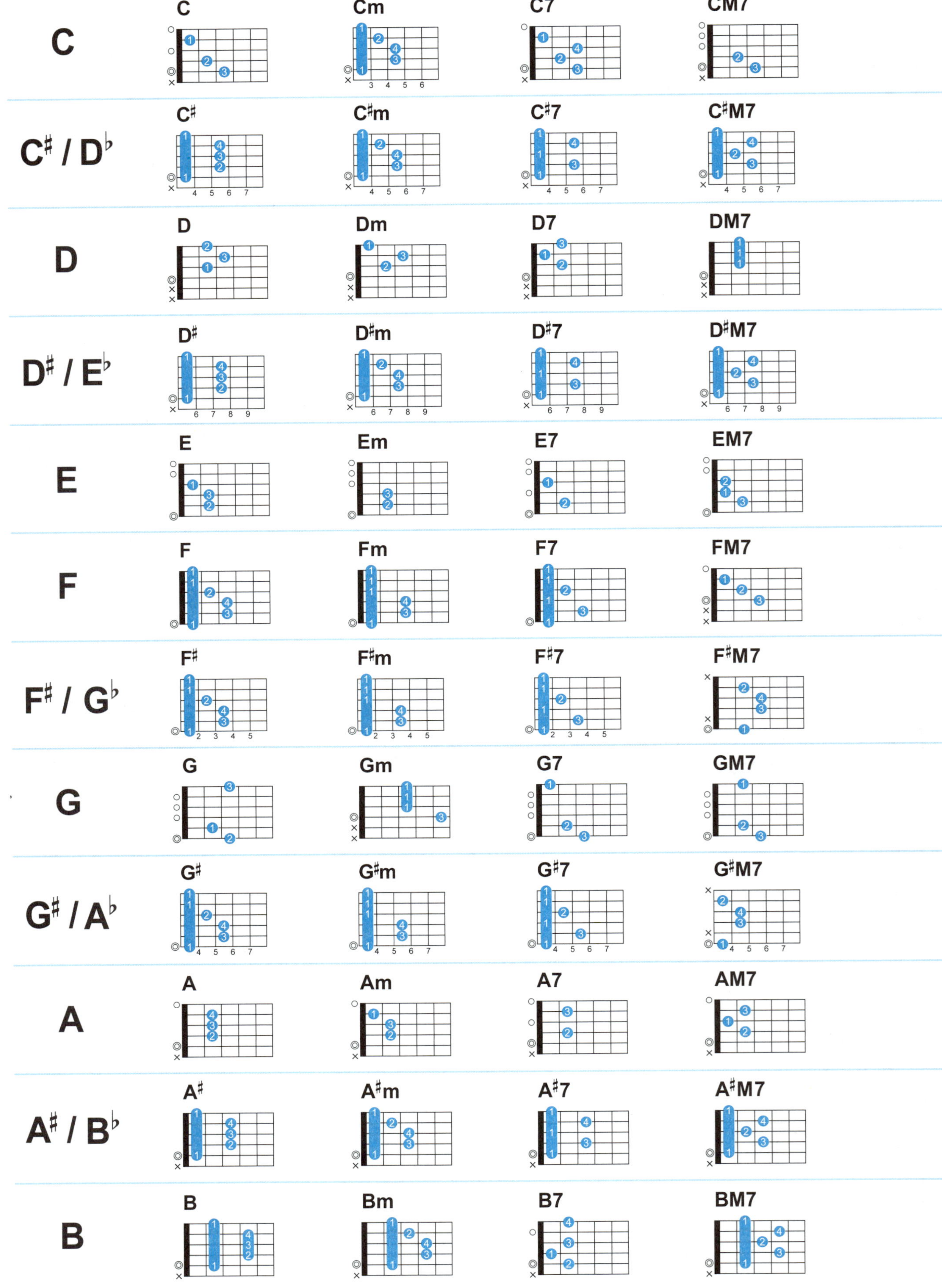
C
C Cm C7 CM7
C# / Db
C# C#m C#7 C#M7
D
D Dm D7 DM7
D# / Eb
D# D#m D#7 D#M7
E
E Em E7 EM7
F
F Fm F7 FM7
F# / Gb
F# F#m F#7 F#M7
G
G Gm G7 GM7
G# / Ab
G# G#m G#7 G#M7
A
A Am A7 AM7
A# / Bb
A# A#m A#7 A#M7
B
B Bm B7 BM7

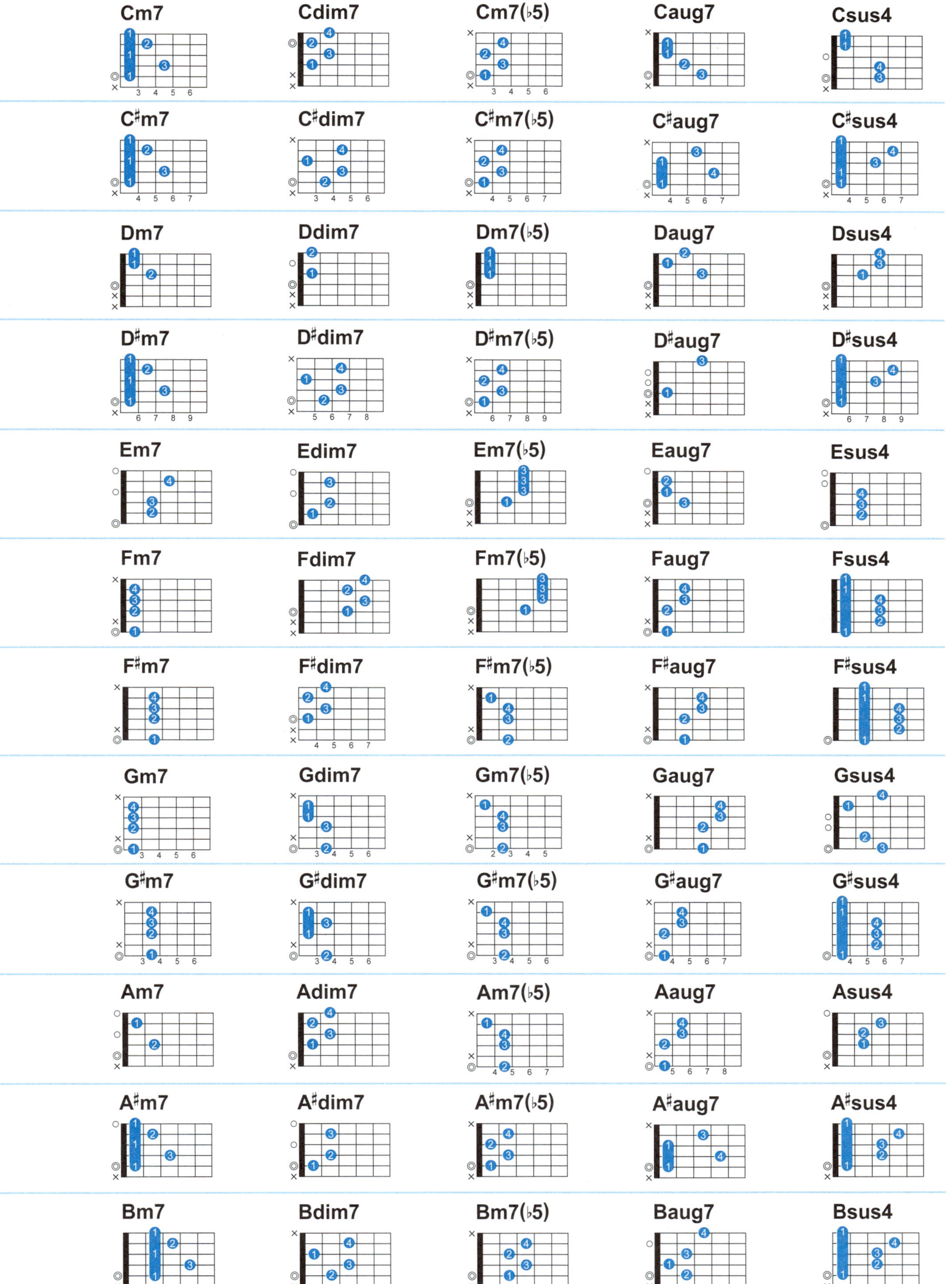

Cm7
Cdim7
Cm7(♭5)
Caug7
Csus4
C♯m7
C♯dim7
C♯m7(♭5)
C♯aug7
C♯sus4
Dm7
Ddim7
Dm7(♭5)
Daug7
Dsus4
D♯m7
D♯dim7
D♯m7(♭5)
D♯aug7
D♯sus4
Em7
Edim7
Em7(♭5)
Eaug7
Esus4
Fm7
Fdim7
Fm7(♭5)
Faug7
Fsus4
F♯m7
F♯dim7
F♯m7(♭5)
F♯aug7
F♯sus4
Gm7
Gdim7
Gm7(♭5)
Gaug7
Gsus4
G♯m7
G♯dim7
G♯m7(♭5)
G♯aug7
G♯sus4
Am7
Adim7
Am7(♭5)
Aaug7
Asus4
A♯m7
A♯dim7
A♯m7(♭5)
A♯aug7
A♯sus4
Bm7
Bdim7
Bm7(♭5)
Baug7
Bsus4

김쌤이 알려주는 세상에서 제일 쉬운

EASY 통기타에
미치다

발 행 인   남 용
편 저 자   김기덕
발 행 처   일신서적출판사
주   소   서울시 마포구 독막로 31길 7
등   록   1969년 9월 12일 (No. 10-70)
전   화   (02) 703-3001~5 (영업부)
            (02) 703-3006~8 (편집부)
F A X   (02) 703-3009
I S B N   978-89-366-2875-8   93670

이 책에 수록된 곡들은·저작권료를 지급한 후에 제작, 출판하였으나 일부의 곡은
저작자 또는 저작권 대리권자에 대한 부분을 여러 매체나 기관을 통해 알아보려고
노력하였으나, 해당곡에 대한 저작자 및 저작권 대리권자에 대한 부분을 찾지
못하였습니다.
하지만 부득이 해당곡들을 사용하고자 하오니 부디 선처하여 주시기를 바랍니다.
추후 저작권 및 저작권 대리권자께서 본사로 연락을 주시면 곡의 사용에 대한
저작권법 및 저작자 권리단체의 규정에 따라 조치를 취할 것을 약속 드립니다.
저작자의 권리는 존중되어야 합니다.
부득이 저작권자의 승인없이 저작물을 사용하게 되어 대단히 죄송합니다.